Richard Goedeke

3000er in den Westalpen

Die Normalwege – vom Wallis über die Mont-Blanc-Gruppe bis zu den Seealpen

BRUCKMANN

Inhalt

Warum auf die Gipfel?

Unter den vielen Spielformen des Bergsteigens ist das Gipfelbesteigen die älteste, denn es erfüllt tief wurzelnde Sehnsüchte. Nach oben will schon ein kleines Kind, weil oben die (Gesichter der) Erwachsenen sind. Von oben kann man oder frau weit sehen. Vom Gipfel lässt es sich hinabblicken und man fühlt sich erhaben. Der Gipfel wird mit metaphysischen Werten verbunden: Nach-oben-Streben – das gilt im konkreten und im übertragenen Sinne. Der Gipfel ist Symbol, er weist weiter. Auf den Gipfeln, da wohnen – für die alten Griechen genauso wie für die Nepalesen – die Götter. Dort oben fühlen auch wir uns gelegentlich als solche.

Wenn es mühsam war, hinaufzukommen, dann haben wir das Gefühl, etwas geleistet zu haben – und wir haben auch etwas geleistet! Uns auf einen himmelhohen Berg hinaufgeschafft zu haben, die eigenen Kräfte an diesen Bergmassen gemessen zu haben, das erzeugt ein Erfolgserlebnis. Und je höher der Berg, desto ...

Die alpinistische Spielform des Gipfelbesteigens steht für Bergsteiger meist am Anfang ihrer Entwicklung. Selbst wenn diese Grundform zeitweilig zu Gunsten des Suchens schwierigerer Wege zurückgedrängt wird, so behält sie doch ihre Faszination. Und wenn das Können der Bergpartner oder die nachlassende eigene Leistungsfähigkeit beim Älterwerden die Auswahl der möglichen Ziele begrenzen, dann gewinnt das Besteigen von Gipfeln neue Bedeutung als eine Art Besinnung auf das Wesentliche. Denn wo sonst ist das Erreichte so offensichtlich wie mit dem Blick zurück auf den Berg: »Dort waren wir oben!«

Ankunft am Gipfel des Monviso

Zu diesem Buch

Dreitausender

Die Dreitausender sind in den Alpen entweder die etwas niedrigeren Trabanten der ganz hohen Berge – oder die Riesen in den nicht ganz so hohen Gebirgsmassiven. Auch Bergsteiger, die normalerweise erst bei einer Höhenzahl mit einer Vier vorne lebendig werden, können daran Interesse finden. Gewiss, hier ist die absolute Höhe nicht Schwindel erregend. Die meisten Menschen müssen sich vor der Besteigung nicht akklimatisieren und die Wetterunbilden sind geringer. Aber dafür sind diese Gipfel meist nicht so überlaufen. Und was ihnen an Höhe abgeht, das machen sie oft durch Ernsthaftigkeit wett – sofern diese nicht durch Bergbahnen, Markierungen und Steiganlagen gemindert worden ist. Obendrein bieten die Dreitausender im Vergleich zu den höchsten Gipfeln oft die eindrucksvolleren Aussichten.

Normalwege

Als »Normalwege« werden die leichtesten Anstiege auf die Gipfel bezeichnet. Diese Linien des geringsten Widerstandes haben ihren besonderen Reiz. Sie aufzuspüren ist eine Herausforderung an die alpinistische Erfahrung der Hinaufsteigenden, den angestrebten Zielpunkt auf dem günstigsten Weg zu erreichen. Meist sind es die Routen der Erstbesteiger und wir begegnen auf ihnen oft einem Stück alpiner Geschichte. An sehr begehrten Bergen, da finden wir diese Routen allerdings meist nicht mehr in ihrem Originalzustand vor. Trittspuren und Markierungen erleichtern die Orientierung, und die schwierigsten Passagen sind oft durch künstlich angebrachte Steighilfen und Sicherungsmittel entschärft. Bei anspruchsvollen Bergen können jedoch auch diese nur relativ leichtesten Linien ganz schön schwierig sein.

Auswahl

Es gibt in den Alpen sehr viele Dreitausender, was mir die Wahl zur Qual machte. Die Auswahl sollte schließlich nicht willkürlich sein und sich auch nicht auf einen einzigen Schwierigkeitsbereich – zum Beispiel den leichten – beschränken, sondern alle wesentlichen Gipfel umfassen. Deshalb orientierte ich mich – ebenso wie in meinem 4000er-Führer – an der (messbaren) Größe der »topografischen Prominenz«: Ein Berg ist umso prominenter oder markanter, je höher sein Gipfel über die tiefste Scharte zum nächsten höheren Berg hinausragt (in den Überschriften die Angabe in mPr). Dieses Buch enthält die Normalwege auf alle Dreitausender der beschriebenen Regionen, die eine Prominenz von über 400 Höhenmetern besitzen. Damit versammeln sich hier die regionalen Könige unter den Berggestalten – oder die Trabanten der ganz Großen …
Ich habe jedoch auch weniger prominente Gipfel aufgenommen, sofern sie besonders hoch aufragen (die »Beinahe-Viertausender«: »H-Klasse«), durch ihre Gestalt besonders auffallen (besonders schlank, steil, schnittig, sensationell: »S-Klasse«) oder besonders populär sind (wegen des Panoramas, guter Zugänglichkeit oder der bequemen Erreichbarkeit durch Bergbahnen: »P-Klasse«).

Anforderungen

Ähnlich wie bei den Viertausendern sind auch bei den Dreitausendern die Anforderungen sehr unterschiedlich. Es gibt unter ihnen echte Wandergipfel, die sich bei gutem Wetter jede(r) Gesunde zutrauen kann. Und es gibt Gipfel, die auch auf den leichtesten

Routen ein hohes Maß an alpiner Erfahrung und Übung erfordern. Deshalb empfiehlt es sich, bei der Tourenwahl die Charakterisierung sehr sorgfältig zu lesen. Im Einzelnen sind sechs Sorten Berge mit jeweils recht unterschiedlichen Anforderungsprofilen zu unterscheiden:

Zur ersten Gruppe gehören die **Bergbahngipfel** mit Steighilfen bis nahe zum Gipfel, mit Restaurant oben drauf – und Gedränge und Müll in Hülle und Fülle. Sich dort hinauffahren zu lassen, das ist die leichteste Art, solche Gipfel zu betreten. Die körperlichen Voraussetzungen für solch ein Unternehmen sind gering, und wer nicht gerade schwer herzkrank ist, der wird es überleben. Mängel an der Ausrüstung werden dabei höchstens mit einem Schnupfen bezahlt. Aber wer es auf diese Art und anders ausprobiert hat, weiß sehr wohl: Das Erlebnis ist nicht das gleiche. Es fehlen sowohl die meditative Einstimmung durch das Steigen an sich als auch die Ruhe ringsum, die es uns erlaubt, die Landschaft und die dadurch in uns ausgelösten Gefühlsregungen zu genießen.
Wem diese Sorte von verdünntem Bergerlebnis nicht genügt und wer diese Berge trotzdem als richtige Berge erleben will, der sollte sie am besten zu Tages- oder Jahreszeiten aufsuchen, wenn die Bahnen nicht fahren, und zusätzlich die Wege der Erstbesteiger wählen. Das werden dann allerdings schnell wieder mühsame und ernsthafte Unternehmungen ...

Die zweite Sorte sind die **präparierten Felsberge** mit Markierungen, Wegen und künstlichen Steighilfen in Form von Drahtseilen, Eisenstiften, Leitern und Brücken. Sie machen die Orientierung leicht und reduzieren eventuelle Kletterpassagen auf den Schwierigkeitsgrad I. Anders als bei den höheren Schneebergen gelingt die Zähmung bei den Felsbergen vollkommener, hat aber auch Nachteile: Ein Klettersteig erleichtert zwar die Besteigung, andererseits wird dadurch das Gehen oft etwas monoton. Aus dem Klettern wird bloße Steigarbeit. Das Drahtseil reduziert außerdem die Anforderungen an den Orientierungssinn erheblich und bietet eine simple, wenn auch keineswegs narrensichere Möglichkeit der Sicherung. Immerhin: Auch auf einen mit Dynamit und Draht gefügig gemachten Dreitausender muss man mit der eigenen Muskelkraft steigen. Die Abhängigkeit von diesem Draht birgt allerdings auch wieder neue Gefahren. Die Steiganlage lockt Menschen in ein Gelände, das sie ohne Steig überfordern würde, sodass ein möglicher Defekt an der Steiganlage ein Weiterkommen völlig in Frage stellen kann. Bei Gewitter werden die Eisenwege sogar zur tödlichen Gefahr, da die Drahtseile die Funktion eines Blitzableiters übernehmen. Nicht zuletzt erreichen diese Berge allemal Höhen, in denen es auch im Sommer bei einem Schlechtwettereinbruch bitterkalt werden kann. Und auch die Steinschlaggefahr sollte nicht unterschätzt werden.

Mindestvoraussetzungen für eine sichere Begehung von alpinen Steiganlagen sind also Schwindelfreiheit, Trittsicherheit und dafür geeignetes Schuhwerk, ein Steinschlaghelm, ausreichend warme und winddichte Kleidung sowie für Notfälle ein Biwaksack oder wenigstens eine Alufolien-Rettungsdecke. Bei anspruchsvolleren Klettersteigen ist zusätzlich auch eine Klettersteigausrüstung nötig, also Hüft- und Brustgurt sowie ein Qualitäts-Klettersteigset (Y-Form mit Seilbremse und zwei Klettersteigkarabinern mit Sicherheitsverriegelung). Wenn Teile der Route über steile Firn- oder Eisfelder führen, können außerdem ein Eispickel und eventuell sogar – passende! – Steigeisen notwendig werden.

Aiguille du Dru (links) vom Aufstieg zur Charpona-Hütte

In der dritten Sorte finden sich die **häufiger bestiegenen Berge mit richtiger Felskletterei** auf dem Normalweg. Hier erleben auch unsere Fingerspitzen den eigentlichen Berg mit dem Reichtum all seiner Felsstrukturen: den rauen und glatten Oberflächen, den Löchern und Runsen und Rillen und kleinen Kanten. Hier muss man selbst die günstigste Route suchen, wobei dem geübten Blick neben den hilfreichen Steinmännchen (die allerdings nicht unbedingt immer richtig stehen müssen!) die Begehungsspuren helfen: Trittspuren auf Schuttbändern, Ausbruchsstellen von Griffen oder Tritten, schwarze Striche vom Stiefelabrieb, Steigeisenkratzer und polierte Griffe. Außerdem ist hier auch in der Feinorientierung selbstständig zu klettern. Das bedeutet, Griff- und Trittmöglichkeiten selbst als solche zu erkennen, zu prüfen und auszuwählen sowie eventuell nötige Sicherungspunkte zu finden oder anzubringen. Zusätzlich zu den oben genannten Anforderungen von Klettersteigen sind bei den Bergen mit richtiger Felskletterei also (zumindest ab dem Schwierigkeitsgrad II) Seil, einige Karabiner, Klemmkeile und Bandschlingen, z. T. auch Hammer und Haken nötig – und das Können, diese sachgerecht zu verwenden. Wer dies alles selbstständig be-

Mont Berio Blanc vom Petit Mont Blanc, hinten Grajische Alpen

wältigt, dem ist ein sehr intensives Bergerlebnis sicher. Wer jedoch die erforderliche breite Erfahrung nicht mitbringt, sollte für solche Ziele die Dienste eines Bergführers in Anspruch nehmen. Das ist zwar nicht ganz billig, aber angesichts der mit Bergunfällen verbundenen Leiden und Kosten allemal preiswerter.
Die beiden nächsten Sorten betreffen vor allem die besonders hohen Gipfel: Die höchsten Dreitausender sind oft nur wenig von der magischen Viertausend-Meter-Linie entfernt. Sie sind sowohl an Wucht als auch an Eleganz den Viertausendern nicht selten ebenbürtig. Besonders bei diesen Gipfeln sind zum Teil längere Gletscherpassagen und dauerhaft mit Eis überzogene Flanken und Grate zu überwinden. Die Schwierigkeiten bei der Ersteigung sind entsprechend stark von den gerade herrschenden Verhältnissen abhängig. Eisausrüstung und die Beherrschung spezieller Sicherungstechniken sind notwendig. Was die globale Erwärmung in den Bergen anrichtet, bekommt man auf den Gletschern und im kombinierten Gelände zu spüren: Spalten werden häufiger, Spaltenbrücken fragiler und frühere Eisflanken verwandeln sich teilweise in glatten Fels oder auch Schutt.

Die vierte Sorte bilden die **populären vergletscherten Berge**. Deren Normalwege sind infolge der zahlreichen Besteigungen im Sommer gewöhnlich gespurt. Damit werden die Orientierungsschwierigkeiten stark verringert und das Steigen wird durch Stufentreppen erheblich erleichtert. Eine vorhandene Spur über eine Gletscherspalte oder eine Wechte ist jedoch keine Garantie dafür, dass die Stufen auch die nächsten Passanten tragen werden – besonders dann nicht, wenn diese sich den leichtsinnigen Luxus erlauben, erst spät am Tag bei aufgeweichtem Firn noch unterwegs zu sein.

Eine deutlich anspruchsvollere Klasse – unsere fünfte Sorte – sind die **vergletscherten Berge ohne Spur**. In diesem Zustand finden wir mehr Dreitausender als Viertausender vor. Die sicherste Linie durch die Spaltensysteme muss dann selbst gefunden werden. Im steilen Gelände ist erst eine Spur zu legen und an Graten sind Wechten rechtzeitig zu vermeiden. All dies ist unter den im Eis weniger idealen Sicherungsbedingungen zu bewältigen.

Aiguille du Chardonnet (links) und Aiguille d´Argentière (Mitte) von Westen von der Petite Aiguille Verte

Schließlich bilden die **selten besuchten, wirklich ursprünglichen Felsberge** die sechste Klasse. Bei ihnen ist der Fels praktisch noch im Originalzustand und nicht abgeklettert. Die Route muss auch ohne Begehungsspuren selbstständig gefunden werden. Auf lose Griffe und Tritte ist zu achten. Selbst bei in der Substanz festem Fels liegt hier auf den Bändern und Absätzen absturzbereiter Schutt. Solches Gelände verlangt beim Steigen Erfahrung, peinliche Sorgfalt und Nerven. Die Berge der sechsten Sorte sind insofern besonders anspruchsvolle und herbe Ziele, die nur wenigen vorbehalten sind – richtige Abenteuerrouten! An solchen Bergen werden nur jene ihre Freude haben, die auch in einem Trümmerhaufen die Poesie tatsächlicher Wildnis begreifen und schätzen können. Wer nicht alle diese Bedingungen erfüllt, sollte die Finger davonlassen.

Unter den hohen Bergen sind solche ursprünglichen selten geworden. Deshalb sollten sie auch unbedingt in diesem Zustand erhalten werden. Denn unsere Gebirge würden eine Menge von ihrem Zauber verlieren, wenn man die Anstiege auch dieser Berge noch ausputzen, markieren und präparieren würde. Wir haben bereits jetzt schon mehr Klettersteige als ein Mensch in seinem Leben je zu gehen vermag. Schon den Bau zusätzlicher Steinmännchen sollten wir uns an diesen Bergen verkneifen, um keine Spur zu hinterlassen. Und selbstverständlich gehört – ebenso wie an jedem anderen Berg – auch der kleinste Fetzen Abfall wieder zurück ins Tal.

Der Autor dankt allen, die durch Tipps, Rat oder Begleitung an diesen Bergen zu diesem Büchlein beigetragen haben, insbesondere Till Bartels, Gotlind Blechschmidt, Hartwig Erdenkäufer, Gertrud Goedeke, Sigurd Herbst, Susanne Hornburg, Markus Koch, Jutta Kühlmeyer, François Labande, Joachim Linde, Andreas Nehring, Robert Niklas, Ralf Siegmund, Petra Weiß – und den immer hilfsbereiten guten Geistern der DAV-Bibliothek Klara Esters, Claudia Dambacher, Eva-Maria Eisenreich und Sandra Tesauro.

Allen Benutzerinnen und Benutzern wünscht er selbstkritisches Augenmaß bei der Wahl der Ziele, viel Freude unterwegs und immer gesunde Rückkehr. Tipps für Korrekturen und Verbesserungen bitte an Richard Goedeke, Siekgraben 56, D-38124 Braunschweig oder E-Mail: r.goedeke@gmx.de

Zum Gebrauch der Routenbeschreibungen

Bei den Angaben der Schwierigkeiten werden vorneweg die Gesamtschwierigkeiten angegeben (in die neben den reinen Kletterschwierigkeiten auch Länge, Gesteinsqualität, Höhenlage und Ernsthaftigkeit der Route eingehen). Um die Verwechslung mit Himmelsrichtungen zu vermeiden, werden auch für Touren in den Ostalpen durchgängig die Abkürzungen der in den Westalpen üblichen französischen Bezeichnungen benutzt:

F	facile	leicht
PD	peu difficile	wenig schwierig
AD	assez difficile	ziemlich schwierig
D	difficile	sehr schwierig
TD	très difficile	besonders schwierig
ED	extrêmement difficile	äußerst schwierig

Danach werden die maximalen Kletterschwierigkeiten bei aperem Fels nach der UIAA-Skala (z. B. III+) und für Eis und Firn bei größerer Schwierigkeit die maximale Steilheit in Grad (z. B. 50°) genannt. Dass sich die Schwierigkeit von Felskletterstellen bei Schnee und Eis gewaltig verändern kann, wird ebenso als bekannt vorausgesetzt wie die Tatsache, dass es einen enormen Unterschied ausmacht, ob im Firn oder Eis eine – richtig gelegte – Spur vorhanden ist oder nicht.
Unter Gefahren werden nur objektive Gefahren erwähnt. Natürlich kann jede/r auch an objektiv ungefährlichen Passagen zu Tode kommen, wenn er/sie das Wetter oder die eigene Leistungsfähigkeit falsch einschätzt, die falsche Ausrüstung wählt oder sie nicht sachgerecht benutzt (zum Thema Bergrettung siehe unten).

Sonstige Hinweise

In den Beschreibungen gelten »rechts« und »links« im Sinne der jeweiligen Hauptbewegungsrichtung.

Abkürzungen

bew.	bewirtschaftet
L	Lager, Schlafplätze, Betten
LKS	Landeskarte Schweiz
m	Meter (bei Höhenangaben: Meereshöhe)
mPr	Prominenz in Metern (Tiefe der Scharte zum nächsten höheren Berg)
mH	Höhenunterschied in Metern
N, S, O, W	Himmelsrichtungen
Tourenkarte	Tourenkärtchen mit Wegbeschreibung im Text
orogr.	orografisch (in Fließrichtung des Wassers gesehen)
Std.	Stunden (durchschnittliche Gehzeit)
CAF, CAI, DAV, SAC	die jeweiligen nationalen Alpenvereine
Tel.	Telefonnummer (ohne Gewähr)

Bei der Abfassung der Beschreibungen wurde davon ausgegangen, dass ein Führer nur eine grobe Hilfe zur Orientierung sein kann und keine detaillierte Gebrauchsanleitung. Auf hohen Bergen ist die Spanne der möglichen Veränderungen je nach den vorhergegangenen und augenblicklichen Wetterabläufen erheblich. Es ist daher immer wieder eine neue Aufgabe, die beste Route unter den gegebenen Verhältnissen zu finden. Und es wäre doch armselig, wenn wir die darin liegenden Spielräume für eigenverantwortliche Entscheidungen nicht genießen würden! Dazu gehört natürlich auch die Entscheidung für eine rechtzeitige Umkehr. Wenn wir jedoch trotz aller Umsicht in eine Notlage kommen, dann kann auch das Handy nur helfen, wenn man nicht im Funkloch sitzt. Deshalb ist die traditionelle Methode weiterhin lebenswichtig:

Tiefblick an der Schlüsselstelle des Monviso-Normalweges

Alpines Notsignal:

Hilferuf: In regelmäßigen Abständen sechsmal **innerhalb einer Minute** ein sichtbares oder hörbares Zeichen geben, danach eine Minute Pause;
Antwort, dass verstanden wurde: **dreimal pro Minute**.

Hinweise für Hubschrauber-Rettung:

1. Ein Arm in der Luft bedeutet: Nein, nicht landen, wir brauchen nichts! Beide Arme erhoben bedeutet: Hilfe! Bitte landen! (die so genannte »Yes-Stellung«)
2. Für die Landung ist ein horizontaler Platz (keine Mulde!) von 30 x 30 Meter nötig; in der Umgebung dürfen bis zu einem Radius von 100 Meter keine Hindernisse sein.
3. Vor der Landung sind Gegenstände zu entfernen, die vom Sog des anfliegenden Hubschraubers in die Luft gewirbelt werden könnten.
4. Der anfliegende Hubschrauber wird mit dem Rücken zum Wind von einer Person in »Yes«-Stellung eingewiesen.
5. Dem gelandeten Hubschrauber darf man sich nur von vorn und nur auf ein Zeichen des Piloten hin nähern.

Notruf-Nummer: in Europa 112, in Italien 113
Hubschrauber-Rettung in der Schweiz: REGA, 1414

SÜDLICHE BÜNDNER, TESSINER UND ADULA-ALPEN

Dies sind die Berge südlich vom Vorderrhein und westlich vom San Bernardino bis zur Gonerlilücke etwas östlich vom Nufenenpass. Ein Teil davon wird auch als Gotthardgebiet bezeichnet.

Col Rotondo (links) von Osten

1 Rheinwaldhorn – Piz Adula, 3402 m (1337 mPr)

Aussichtsbalkon mit Gletscherdach hoch über Aquila

F

5 Std.

2550 mH

Schwierigkeiten: Insgesamt **F**, Gletscher
Mühen: Hüttenaufstieg vom Parkplatz Compietto 650 mH (3 Std.), von Dangio 1500 mH (4 Std.). Gipfelaufstieg 1050 mH (3 Std.)
Gefahren: Ein recht friedlicher Gletscher, aber Vorsicht ist trotzdem immer ratsam.
Freuden: Ausblicke bis zur Poebene
Karte: LKS 1:50 000, Blatt 266 Valle Leventina
Spezialführer: Hunzicker, SAC Clubführer Bündner Alpen 2

Die mächtige Pyramide südlich vom Ursprung des Valser Rheins wird auch als Piz Valrein bezeichnet. Die erste Besteigung erfolgte 1864 durch die wegen ihrer Taten im Mont-Blanc-Gebiet bekannten Briten A. W. Moore und Horace Walker mit dem Führer Jakob Anderegg.

Anreise: Von der Bahn- und Autobahnachse Como – Sankt Gotthard bei Biasca abzweigen und über Torre – Dangio – Aquila nach *Olivone*. Von hier Sträßchen über die Staumauer Luzzone und durch einen 600 m langen Tunnel zum *Parkplatz Compietto* am Staudamm (1707 m).

Hüttenaufstieg: Im Tal hinauf (oder mit größerer Höhendifferenz von Dangio direkt) zur *Capanna Adula CAS* (2012 m, CAS Ticino, 34 L, Jan.–Dez., Tel. 0041/91/872 15 32) und Steig weiter hinauf zur *Capanna Adula UTOE* (2393 m; 100 L, Mai–Okt., Tel. 0041/91/872 16 75)

Gipfelaufstieg: Von der Capanna Adula UTOE Steig zur Moräne des Vadrecc di Bresciana. Über Moränenkamm und Gletschervorfeld in weitem Bogen unter der Grauhorn-Südwand durch und über den Gletscher (Spalten) empor. Zuletzt über den breiten Nordwestrücken zum Gipfel.

Aussicht: Tiefblicke in die Täler des Tessin, im Westen Berner Alpen

F I

7 Std.

1420 Hm

2 Basodino, 3274 m (961 mPr)

Der massige Gletschergipfel über den Stauseen

Schwierigkeiten: Insgesamt **F**, mit Gletscher und Kletterstellen I
Mühen: Zur Hütte ebenes Sträßchen, ohne Seilbahn 850 mH (2:30 Std.), Gipfelaufstieg 1420 mH (3–4 Std.)
Gefahren: Relativ friedlicher Gletscher
Freuden: Geringe Zustiegsmühen
Karte: LKS 1:50 000, Blatt 256 Nufenenpass
Spezialführer: Hunzicker, SAC Clubführer Tessiner und Misoxer Alpen

Der südseitig durch kahlen Fels und Moränenschutt geprägte Berg zeigt nordseitig noch einen weiten Gletscher. Er kann bei Nutzung der Seilbahn von »Sprintern« als Tagestour abgehakt werden, aber fester Firn ist normalerweise nur bei Übernachtung und hochalpenvernünftig frühem Aufstieg zu haben. In Cesio im Val Maggia findet man ein interessantes Heimatmuseum (besonders sehenswert die Abteilung über Ziegen).

Anreise: Von Locarno (Lago Maggiore) durch das Val Maggia und in Bignasco abzweigend das Val Bavona hinauf nach *San Carlo* (938 m).

Hüttenaufstieg: Mit der Seilbahn zum Robei-Stausee und rasch zur *Capanna Basodino* (1856 m, SAC Locarno, 70 L, Juni–Sept., Tel. 0041/753/27 97)

Gipfelaufstieg: Steig west- und südwärts zum Ghiacciaio del Basodino und südwärts zum Ostgrat P. 3060. Daran über Blöcke zum Gipfel.

Aussicht: Walliser und Berner Alpen im Westen und Norden

3 Piz Gannaretsch, 3040 m (931 mPr)

Der Höchste zwischen Sankt Gotthard und Lukmanierpass

F I!

P 10 Std.

1600 mH

Schwierigkeiten: Insgesamt **F**, mit Kletterstellen I
Mühen: Gipfelaufstieg 1600 mH (6 Std.)
Gefahren: Wenig gefährlich, aber wegen der Abgelegenheit trotzdem ernst
Freuden: Ein Ziel in Bergeinsamkeit
Karte, Spezialführer: → s. **Piz Medel**

Höchster Gipfel im Bergkamm westlich des Val Medel. Dessen Erstbesteigung im Jahr 1895 tätigten Ernst Amberg und Anton Züblin.

Piz Gannaretsch von Norden

Anreise: Nach *Sedrun* (1400 m) westlich von Disentis

Gipfelaufstieg: Nach Süden für Pkw gesperrtes Sträßchen zur Staumauer Nalps (1910 m). Nach Osten hinauf zur Alpe Nalps, dann nach SSO aufsteigen, bei P. 2174 über Bach und über Rundhöcker hinauf zum Gletscherrest.

Rechts (W) von diesem aufsteigen zur westlich des Hauptgipfels gelegenen Scharte Fuorcla Gannaretsch (ca. 2860 m; hierher auch vom höher gelegenen aber weiter entfernten Lukmanierpass über Steig zum Lai Blau, dann weglos, heikel schrofige Grashänge querend, zum Lai Verd und zur Scharte, 4:30 Std.). Nun am leichten Westgrat zum Gipfel.

Aussicht: Im Nordosten beherrschend der Tödi

F

5 Std.

1900 mH

4 Piz Medel, 3211 m (854 mPr)

Der Berg der Bergleute

Schwierigkeiten: Insgesamt **F**, zu Ende der Saison wegen offener Spalten oft schwieriger
Mühen: Hüttenaufstieg 1200 mH (4 Std.), Gipfelaufstieg 700 mH (3 Std.)
Gefahren: Der Gletscher ist ernst zu nehmen.
Freuden: Gipfel mit Chance für Bergeinsamkeit
Karte: LKS 1:50 000, Blatt 256 Disentis/Mustér
Spezialführer: Hunzicker, SAC Clubführer Bündner Alpen 2

Behäbiger, nordseitig vergletscherter Gipfel südlich von Disentis. Der vom Wort »Metall« (griech. métallon) abgeleitete Name deutet auf früheren Bergbau hin. Die erste Ersteigung des Gipfels erfolgte 1865 durch Frau Deplaci, Baptist Monn und Frau Störi über den Fil Liung.

Anreise: Von *Disentis* (Bahnstation) 5 km nach Süden nach Curaglia

Hüttenaufstieg: Von Curaglia (1332 m) auf Sträßchen ins Val Plattas. In dessen Grunde hinauf zum Ende des Sträßchens bei Brücke Stavels Veders (1965 m). Markierten Steig nun steiler zur *Camona da Medel* (2524 m, 46 L, Febr.–Okt., Tel. 0041/81/949 14 03).

Gipfelaufstieg: Von der Hütte, Pfadspuren folgend, in südlicher Richtung unter den Felsen des Fil Liung entlang zum Gletscher da Plattas. Je nach Verhältnissen den recht steilen Eishang hinauf zum Plateau des Medelgletschers. Über den Ostrücken zum Gipfel.

Aussicht: Im Norden gegenüber der Oberalpstock

Nebengipfel: Der **Fil Liung** (3013 m), vom Gletscher leicht

5 Scopi, 3190 m (792 mPr)

Der Berg mit der Radarstation

F-	Steig
P	5 Std.
	1200 mH

Schwierigkeiten: Insgesamt **F-**, Steig
Mühen: Gipfelaufstieg 1200 mH (3 Std.)
Gefahren: Minimal

Freuden: Die nicht unsichtbare Station verdünnt den Naturgenuss schon etwas.
Karte, Spezialführer: → s. **Piz Medel**

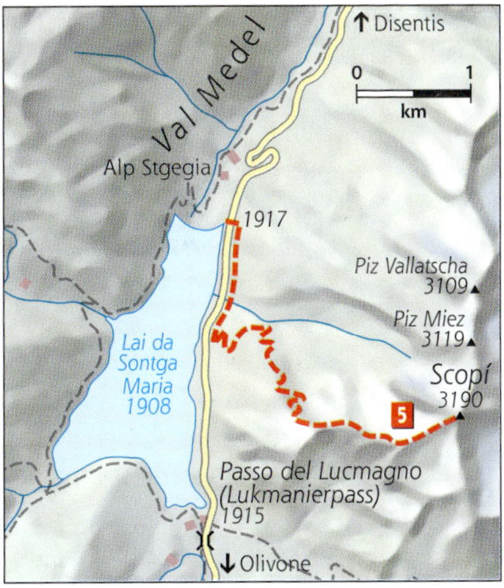

Der Gipfel der ebenmäßigen Pyramide östlich vom Lukmanierpass ist Standort einer militärischen Radarstation, bleibt jedoch gewöhnlich frei zugänglich. Der leichteste Aufstieg führt über den Westgrat.

Anreise: Von Disentis – Mustér nach Süden zum Stausee Lai da Santa Maria am *Lukmanierpass*, entweder zum Nordende der langen Lawinengalerie oder zum Hotel der Passhöhe (1950 m)

Gipfelaufstieg: Am besten vom Nordende der Lawinengalerie auf deren Dach und munter ausschreitend südwärts zum Beginn eines deutlichen Steiges (hierher auch mit längerer Wanderung auf dem Dach von Süden von der Passhöhe her). Auf dem Steig in der Westflanke, oben auf dem deutlicher werdenden Westgrat, zum Gipfel.

Aussicht: Im Norden die Glarner Berge mit dem Tödi

Scopi von Norden

F+

5 Std.

1670 mH

6 Piz Campo Tencia, 3072 m (754 mPr)

Der höchste rein Tessiner Berg

Schwierigkeiten: Insgesamt **F+**, mit Gletscher
Mühen: Hüttenaufstieg 740 mH (2 Std.), Gipfelaufstieg 930 mH (3 Std.)
Gefahren: Ein Berg mit Gletscher ist nie ganz harmlos.
Freuden: Gute Ausblicke zum Hauptkamm
Karte: LKS 1:50 000, Blatt 266 Valle Levantina; 1:25 000, Blatt Campo Tencia
Spezialführer: Hunzicker, SAC Tessiner und Misoxer Alpen

Dieser große Berg liegt deutlich südlich vom Alpenhauptkamm, südlich des Gotthard-Tunnels.

Anreise: Von Faido an der Autobahn Gotthard – Bellinzona zuerst noch etwas talauf, dann am westlichen Talhang in Kehren hinauf über Prato nach *Dalpe* (1192 m, Postauto ab Station Rodi-Fiesso). Im Val Piumogna hinauf in Richtung Polpiano bis Parkplatz bei Brücke (1397 m).

Hüttenaufstieg: Von Polpiano Steig zur *Capanna Campo Tencia* (2140 m, SAC Ticino, 80 L, Juni–Sept., Tel. 0041/91/867 15 44)

Gipfelaufstieg: Recht beeindruckenden Steig neben Wasserfall durch breiten Kamin über Felsstufe hinauf und markierten Steig zum zweiteiligen Gletscher Ghiacciaio Croslina. Zuerst über Felsrippe zwischen dem großen und dem kleineren Gletscher hinauf, dann links auf dem Ghiacciaio Grande in südlicher Richtung zum Gipfel.

Aussicht: Überblick über Täler und Kämme der Alpensüdseite

Andere lohnende Routen: Bei stärkerer Ausaperung wird der Gletscher sehr zerschrundet. Dann ist der Aufstieg über den Ostgrat vorzuziehen.

7 Pizzo Rotondo, 3192 m (714 mPr)

Die schroffe Spitze westlich vom Gotthardpass

PD- !

7 Std.

1700 mH

Schwierigkeiten: Insgesamt **PD-**, mit Kletterstellen I
Mühen: Hüttenaufstieg 1050 mH (4 Std.); Gipfelaufstieg 620 mH (4 Std.)
Gefahren: Ein besonders bei fortgeschrittener Ausaperung mit verschärfter Vorsicht zu behandelnder Gletscher

Freuden: Ein exquisiter Aussichtspunkt
Karte: LKS 1:50 000, Blatt 265 Nufenenpass
Spezialführer: SAC Clubführer Urner Alpen West und Tessiner und Misoxer Alpen

Der markante Felsbau auf der Wasserscheide zwischen Nordsee und Mittelmeer ragt über ansehnlichen Gletschern auf und kann sowohl von Norden wie auch von Süden aus mit langen Anstiegen erreicht werden. Die früher gewöhnlich für Privatautos freigegebene Militärstraße von Realp ist jetzt (2004) nur noch mit kompliziert bei fernen Behörden zu erhaltender Genehmigung befahrbar.

Anreise: Von der Furkapassstraße oder Andermatt nach *Realp* (1538 m)

Hüttenaufstieg: Durch das Witwasserental zur *Rotondohütte* (2571 m, SAC Lägern, 92 L, Juli–Okt., Tel. 0041/41/887 16 16)

Gipfelaufstieg: Nach SW über den Witwasserengletscher zum Witwasserenpass (2819 m). Etwas absteigen, den Gerengletscher queren und westseitig weiter um den Berg herum zur Südwestflanke. Dort in dem großen Couloir, im Frühsommer noch auf Firn, später zunehmend über lockeren Schutt, mühsam hinauf zum Gipfel.

Aussicht: Weit gespannt vom Mont Blanc bis zur Bernina

Andere lohnende Routen: Von Süden vom Val Bedretto über *Capanna Piansecco* (1980 m, Tel. 0041/91/869 12 14) kaum schwieriger, aber schuttiger zum Fuß der Südwestflanke.

F

P 7 Std.

1500 mH

8 Bruschghorn, 3056 m (570 mPr)

Der große Schutthaldengipfel über dem Safiental

Schwierigkeiten: Insgesamt **F**
Mühen: Gipfelaufstieg 1550 mH (5 Std.)
Gefahren: Ein wenig gefährlicher, aber weitläufiger Berg
Freuden: Aussichtspunkt zwischen Hinterrhein und Vorderrhein
Karte: LKS 1:50 000, Blatt 257 Safiental
Spezialführer: Hunzicker, SAC Bündner Alpen 2, Bern

Egal, ob man von Chur gen San Bernardino den flotten, aber öden Tunnel oder die alte wildromantische Schluchtstraße »Via Mala« benutzt: Die oberhalb erreichte Erweiterung des Hinterrheintals wirkt befreiend. Das von hier westlich gelegene Bruschghorn ist der höchste Gipfel der Splügener Kalkberge. Der Südgipfel ist höher, der 20 Min. entfernte Nordgipfel (3044 m) bietet besseren Ausblick.

Anreise: Mit Auto vom an der Straße Chur–Splügen gelegenen Zillis über Donath und Mathon nach Westen hinauf nach *Wergenstein* (1500 m)

Gipfelaufstieg: Weg hinauf nach Curtginatsch (2272 m). Über Weiden und Schutt nach NW zum Sattel zwischen Piz Tuf und Bruschghorn. Über den breiten Nordostgrat zum Gipfel.

Aussicht: Im Nordwesten die Parade der Glarner Berge mit dem Tödi

Bruschghorn von Norden vom Tal des Vorderrheins

9 Piz Vial, 3168 m (465 mPr)

Ein Berg mit zwei Gesichtern

F I!

5 Std.

1900 mH

Schwierigkeiten: Insgesamt **F**, mit Kletterstellen I
Mühen: Hüttenaufstieg 900 mH (3 Std.), Gipfelaufstieg 1000 mH (3:30 Std.)
Gefahren: Keine besonderen, aber als einsamer Berg ernst zu nehmen
Freuden: Individuelles Bergerlebnis
Karte, Spezialführer: → s. **Piz Medel**

Der nordseitig in tief ausgehobelten Karen noch mit ansehnlichen Gletschern gezierte Berg zeigt südseitig einen recht banalen Schrofen- und Trümmerhang. Die Erstbesteigung erfolgte vermutlich durch H. Siegfried 1858.

Anreise: Von der Hauptstraße im Tal des Vorderrheins von *Rabius* (957 m, Bahnstation) nach Süden über Surrein im Val Sumvitg talaufwärts zum Parkplatz Runcahez (1277 m, kleines Staubecken)

Piz Vial von Norden

Hüttenaufstieg: Am Ostufer weiter den markierten Steig, zuletzt steil über den Gratrücken Crest la Greina bis zur *Camona da Terri* (2170 m, SAC Secziun Péz Terri, 99 L, Juli–Okt., Tel. 0041/81/943 12 05)

Gipfelaufstieg: Von der Hütte zuerst nach Süden in Richtung Plaun la Greina. Auf etwa 2300 m nach rechts über den Südhang des Berges weglos beliebig ansteigend zur Schuttmulde vor dem Gipfelaufbau (hierher auch über den Firn des ostseitigen Glatscher della Greina und die Südostschulter P. 3124). Nahe am Südostgrat zum Gipfel.

Aussicht: Im Norden beherrschend das Massiv des Tödi

Nachbargipfel: Zum südöstlich gelegenen **Piz Terri** (3149 m, 365 mPr) von der Hütte über den kleinen, aber nicht spaltenlosen Glatscher di Terri (Steigeisen ratsam) und den leichten Nordwestgrat

F Weg-spuren

5 Std.

900 mH

10 Pizzo Centrale, 2999 m (425 mPr)

Der abgebrochene Dreitausender hoch über Andermatt

Schwierigkeiten: Insgesamt **F**
Mühen: Gipfelaufstieg 890 mH (3:30 Std.)
Gefahren: Ein friedlicher Berg
Freuden: »... a very fine viewpoint« (W. A. B. Coolidge)
Karte, Spezialführer: → siehe **Piz Vial**

Bis in die 1970er-Jahre war dies ein ehrlicher Dreitausender mit akribisch genau vermessener Gipfelhöhe von 3001 m. Dann brachen leider genau 30 Zentimeter zu viel ab, sodass er heute nur noch 2999,2 m hoch ist. Da die meisten Leute hoch genug gewachsen sind, um am Gipfel die Dreitausendmetermarke trotzdem zu überragen, und weil die vormals hochgerühmte Aussicht des leicht zugänglichen Berges durch das Naturereignis nicht so sehr gelitten hat, wird der Berg hier aufgenommen. Die Anfahrt – gleich ob von Süden oder von Norden – zeigt eindrucksvoll die verschiedenen Generationen von Verkehrswegen: von den Resten der ersten Ziehwege über schmale und steile Passstraßen bis hin zur großzügigen Autostraße, zur Eisenbahn und zur Autobahn mit Tunnel und Lawinengalerien.

Anreise: Zur Passhöhe des *Sankt Gotthard* (2109 m, Hospiz)

Gipfelaufstieg: Auf Straße nach O zur Staumauer des Lago della Sella (2257 m). Einige hundert Meter am Westufer des Sees weiter, dann im Tälchen hinauf, nach rechts biegend zur Terrasse Sasso di Paisgion (2560 m). Nach NO den SO-Grat des Gamsstocks überschreiten und zum Südwestgrat des Pizzo Centrale. Daran zum Gipfel.

Aussicht: Sustenhorn und Gross Spannort (NW) sowie Tödi (NO)

11 Alperschällihorn, 3039 m (424 mPr)

Der Trümmerhaufen hoch über Splügen

PD II !

P 8 Std.

1600 mH

Schwierigkeiten: Insgesamt **PD**, mit Kletterstellen II in Bruch
Mühen: Gipfelaufstieg 1600 mH (5 Std.)
Gefahren: Ein wegen seiner Brüchigkeit ernsthafter Berg
Freuden: Ein ansehnlicher Gipfel
Karte: LKS 1:50 000, Blatt Safiental
Spezialführer: Hunzicker, SAC Clubführer Bündner Alpen 2

Tourenkarte: → siehe **Bruschghorn**

Die Erstbesteigung des nach der italienischen Verniedlichungsform für Alm (»alpicella«) benannten Gipfels holten sich der im Gipfelsammeln besonders im Dauphiné eifrige Brite William Augustus Brevoort Coolidge und sein bewährter Führer Christian Almer am 15. August 1893. Dabei kapitulierten die beiden am zunächst versuchten Westgrat wegen dessen Baufälligkeit und erreichten den Gipfel danach über die heutige Normalroute.

Anreise: Mit Bus oder Auto über die Autostraße zum San Bernardino ins Tal des Hinterrheins nach *Sufers* (1426 m) am Sufner See

Gipfelaufstieg: 1 km westlich vom Ort beginnend nach NW das Tal hinauf bis 1 km vor die Alperschällilücke (2614 m). Über Schutthalden zur Felsstufe am Beginn des NO-Grates. Östlich einer vorspringenden Kante hinauf. Auf Schutt zum Nordgrat. Zunächst unterhalb von diesem bleibend in der Ostseite aufsteigend, später auf dem Grat zum Gipfel.

Aussicht: Im Süden gegenüber der San Bernardino mit den Serpentinen seiner altehrwürdigen Passstraße und östlich davon der Piz Tambo

Alperschällihorn vom San Bernardino

PD !

8 Std.

1300 mH

12 Güferhorn, 3383 m (404 mPr)

Der nördliche Trabant des Rheinwaldhorns

Schwierigkeiten: Insgesamt **PD**, mit Gletscher
Mühen: Stausee – Hütte 300 mH (3 Std.), Gipfelaufstieg 1300 mH (4–5 Std.)
Gefahren: Gletscher mit den üblichen Überraschungen
Freuden: Ein selten besuchter Berg
Karte, Spezialführer: → siehe **Rheinwaldhorn**

Tourenkarte : → siehe **Rheinwaldhorn**

Dieser selten bestiegene Berg der Adula-Gruppe wird am besten von Norden her erreicht. Er verlangt selbstständiges Zurechtfinden und meist auch selbstständiges Spuren. Empfohlene Tourenzeit: noch vor Juli (danach werden die Spaltenbrücken dünn).

Anreise: Mit Bahn und Bus oder Auto von Ilanz im Tal des Hinterrheins im Valser Tal ganz hinauf nach *Vals* (1271 m)

Hüttenaufstieg: Im Tal am Südhang auf Sträßchen (Busverkehr) zum Zervreila-Stausee (1850 m; hierher auch vom Ortsteil Vale mit Seilbahn nach Schmelawäng und auf ebenem Hangweg nach SW). Am südlichen Ufer des Stausees entlang zu seinem Ende und im Tal zuerst nach Westen, später im Bogen nach Süden weiter zur *Läntahütte* (2090 m, SAC Bodan, 33 L, bew. Juli–Sept., Tel. 0041/714/77 18 39).

Gipfelaufstieg: Von der Hütte in südöstlicher Richtung über wegloses Gehgelände hinauf zur Güferlücke (2863 m). Nun über den in den letzten Jahren deutlich geschrumpften Güferfirn je nach Verhältnissen südwärts hinauf und zuletzt über einen schmaleren Grat zum Gipfel.

Hauswurz

Aussicht: Südwestlich nebenan beherrschend das Rheinwaldhorn

WALLIS

Der Alpenhauptkamm, das Rückgrat der Alpen, ist im Wallis besonders massig ausgebildet und so finden wir hier auch besonders viele der höchsten Berge. Die Erwartung, auch den allerhöchsten Alpenberg anzutreffen, wird allerdings nicht erfüllt. Denn die hier überwiegend anstehenden Gneise werden von der Frostsprengung und Erosion rascher zerlegt und abgetragen als die jungen Granite des Mont-Blanc-Massivs.

Östlichstes Wallis

Dies sind die Berge von der Gonerlilücke östlich vom Nufenenpass bis zum Simplonpass. Sie liegen im Hauptkamm in einer Reihe hintereinander.

Am Südgrat des Monte Leone

F+ !

P 10 Std.

1530 mH

13 Monte Leone, 3553 m (1180 mPr)

Der eisige Bergriese über dem Simplonpass

Schwierigkeiten: Insgesamt **F+** mit einer längeren Gletscherpassage
Mühen: Gipfelaufstieg 1530 mH (6 Std.)
Gefahren: Ein spaltenarmer Gletscher ist nicht spaltenlos!
Freuden: Ein gewaltiges Panorama, im Norden die Berner Alpen nicht fern
Karte: LKS 1:100 000, Oberwallis, 1:25 000, Blatt 1309 Simplon
Spezialführer: Brandt, SAC Clubführer Walliser Alpen 6

Dass diese Gneispyramide einen an die großen symbolträchtigen Raubtiere erinnernden Namen trägt, ist zwar nur dem Schreibfehler eines Kartografen zu danken, der eigentlich Monte di Aione (nach einem Weiler im Tal an seinem Fuße) schreiben wollte, aber es passt trotzdem gut für den selbstständigsten Dreitausender der östlichsten Walliser Berge. Der Normalweg führt über die zahme Westseite des Berges; sein Schaustück ist die über 1000 m hohe Ostwand. Die Ersten am Gipfel waren Schweizer Offiziere im Jahr 1859. Die gewaltige Ostwand wurde erstmals 1959 von Pippo Briganti und Piero Signini durchstiegen.

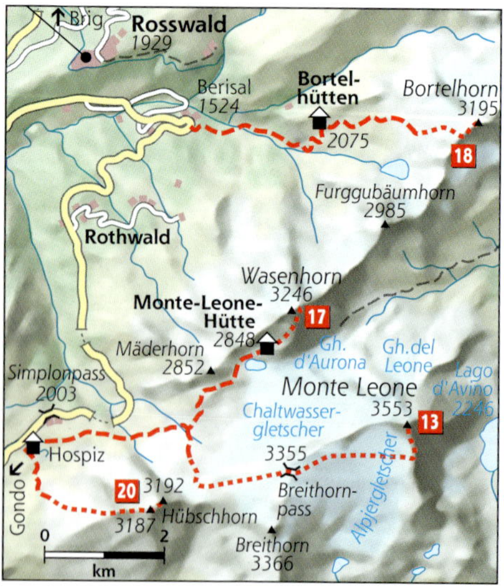

Anreise: Von Brig oder Domodossola zum *Simplonpass* (2005 m)

Gipfelaufstieg: Vom Hospiz zuerst breiten Weg zur Häusergruppe Rotels. Nach Passieren der Hochspannungsleitung Steig auf dem Bergrücken folgen und den »Bergweg« in Richtung Chaltwasserpass. Bei 2200 m Höhe entlang einer Wasserleitung nur wenig ansteigend nach links (NO) um den grasigen Fuß des Hübschhorn-Nordwestgrates herum in das steile Moränengelände des Chalti Wasser. Bei großem Steinmann rechts über die Moränen Steigspuren folgend direkt und

13

oben rechts haltend hinauf zu den Moränenterrassen vor dem Hübschhorn. Vor den Schliffen rechts große Moräne hinauf, dann über Gletscherschliffe links haltend ansteigen zum Breithorngletscher. Diesen nahe dem linken (nördlichen) Rand, parallel zu Zackengrat, hinauf zum Breithornpass (ca. 3360 m, 3:30 Std.).
Um Blockkuppe herum nach links (O). Vor dem ersten Turm des Westgrates rechts auf Schneerücken absteigen (rechts Spalten) in die Mulde des oberen Alpjergletschers. Diese unter dem Westgrat entlang queren und felsdurchsetzten Steilhang zum Südgrat des Monte Leone. Am plattigen Grat, zuerst auch links unterhalb davon (Stellen II), zum Gipfel.
Aussicht: Großartig ringsum. Highlights: Fletschhorn im Westen sowie Bietschhorn, Aletschhorn und Finsteraarhorn im Norden

14 Blinnenhorn – Corno Cieco, 3374 m (965 mPr)

Der weitläufige Gletscherberg westlich vom Nufenenpass

F

P 6 Std.

1000 mH

Schwierigkeiten: F, aber über Gletscher
Mühen: Vom Nufenenpass 1000 mH (4 Std.)
Gefahren: Gletscherspalten
Freuden: Am größten für Skifahrer
Karte, Spezialführer: → s. **Scherbadung**

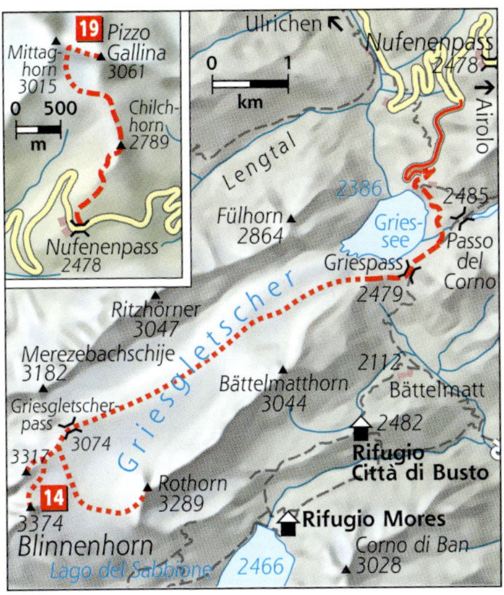

Der breite Grenzgipfel ist ostseitig weitläufig vergletschert und als Skigipfel populär. Auch die meisten anderen Aufstiege sind leicht, wie etwa der 1866 bei der Erstbesteigung durch Sedley Taylor mit F. Gunteren und J. Tännler benutzte über die wilde Westflanke und den Südwestgrat.

14

Anreise: Auto von Ulrichen (Goms) oder Airolo (Gotthard-Südseite) bis zur Kehre P. 2303 nördlich der Passhöhe des Nufenenpasses
Gipfelaufstieg: Auf gesperrter Werkstraße bis kurz vor den Stausee. Links hinauf zu Kreuz und großem Steinmann. Nun Weg zum Griespass (2479 m). Von dort über den Griesgletscher in seinem rechten (nördlichen) Bereich ganz hinauf, zuletzt ausgeapert auf Fels, zum Griesgletscherpass (ca. 3100 m) nördlich vom Kleinen Blinnenhorn. Dieses ostseitig auf Firn umgehen zur Klein-Blinnenhorn-Lücke (3252 m) und nach Süden den Schneerücken zum Gipfel.
Aussicht: Nördlich gegenüber das östliche Berner Oberland
Andere lohnende Anstiege: Von Süden ist der Rothornpass vom Rifugio Claudio e Bruno (2713 m) in 1:30 Std. zu erreichen.
Nebengipfel: Vom Rothornpass **Rothorn** (3287 m, I, 30 Min.); **Klein Blinnenhorn** (3317 m) nur vom Griesgletscherpass aus leicht

15 Scherbadung – Pizzo Cervandone, 3211 m (702 mPr)

F+ I!

10 Std.

1800 mH

Ein herber Grenzberg

Schwierigkeiten: Insgesamt **F+**, mit Kletterstellen I
Mühen: Gipfelaufstieg 1800 mH (5 Std.)
Gefahren: Ein herb-alpiner Berg
Freuden: Ein nicht überlaufenes Ziel
Karte: LKS 1:50 000, Blatt 275 Val Antigorio
Spezialführer: Brandt, SAC Clubführer Walliser Alpen 6; Waeber, GF Walliser Alpen, Bergverlag Rother

Einen ganz schön komplizierten Bau hat dieser Berg des schweizerisch-italienischen Grenzkammes. Die Erstbesteiger sind unbekannt, und weit hinauf auf eigenen Füßen steigen muss man auch heute noch wie eh und je, sowohl von der schweizerischen wie von der italienischen Seite.
Anreise: Mit Auto von Norden vom Rhônetal von Fiesch durch das Binntal und dann im Lengtal nach Heiligkreuz (1600 m). Von Süden vom Val Antigorio ins Val Devero nach Goglio und Sträßchen östlich der Schlucht bis Straßenende und in 20 Min. zur Alpe Devero (1650 m).
Gipfelaufstieg: Von Norden von Heiligkreuz nach Osten im Fleschtal auf Steig bis 2100 m. Kurz vor Obere Stafeli nach Süden steile Hänge weglos zum Fleschsee (2414 m) und links ansteigend zum

Habelfjoch (2756 m). Nun südlich vom nach Osten ansteigenden Bergrücken im Tälchen hinauf zum Sattel (3022 m). Am Nordgrat steil über Firn zum P. 3155 und über Schutt zum Gipfelaufbau. An festem Fels (II) zum Gipfel.

Von Süden von der Alpe Devero (Capanna Castiglioni, CAI, Tel. 0039/0324/61 91 26) nach Westen. Steig zum Gischjoch (Passo del Cervandone) bis in die Mulde vor dem Pass. Nun nach NW aufsteigen zum Passo degli Ometti (2957 m). Im Couloir hinauf zum Südwestgrat. Daran zum Fuß der zweiten felsigen Schulter. Links queren und in Kamin zur Schulter. Schräg links über die Westseite zum Gipfel. (Man kann auch nach dem Couloir in der brüchigen Südflanke aufsteigen.)

Aussicht: Im Norden Berner Oberland mit Finsteraarhorn

Nebengipfel: Westlich vom Gischijoch steht das schnittige **Gischihorn** (3083 m, 160 mPr; Nordgrat vom Gischijoch, zuletzt rechts in Kamin und darin, III, zuletzt links zum Gipfel).

16 Helsenhorn, 3272 m (508 mPr)

Der ernste Hochgipfel über dem Binntal

F+ I

10 Std.

1800 mH

Schwierigkeiten: Insgesamt **F+**, Orientierung nicht leicht
Mühen: Gipfelaufstieg 1800 mH (6 Std.)
Gefahren: Vor allem die, sich zu verlaufen. Vorsicht auf Firn und Gletscher bleibt immer nötig. Dies ist nur eine Tour für hochgebirgserfahrene Leute!
Freuden: In Ruhe Rundsicht genießen
Karte: LKS 1:100 000, Blatt 42 Oberwallis
Spezialführer: Brandt, SAC Clubführer Walliser Alpen 6

Massiger Grenzgipfel mit überfirntem Gipfeldach. Die erste Besteigung erfolgte durch J. J. Weilenmann 1887.

Anreise: Auto von Brig oder vom Grimselpass nach Fiesch und südwärts hinauf über Binn nach Heiligkreuz (1460 m)

16

Gipfelaufstieg: Zuerst auf Sträßchen über das Chriegalpwasser, nach 250 m rechts vor einer zweiten Brücke abzweigen und am Ufer eines Baches aufsteigen zur Gibelmatte (1774 m). Weiter im Mättital hinauf bis Bodi (1999 m). Absteigend ins Chummibort-Tal zum Staudamm. Am westlichen Ufer des Stausees zu seinem Südende und über eine Brücke. Jenseits am Bach entlang hinauf bis 2160 m. Nun bei Ruine scharf abbiegen und in Richtung ONO über Schutthang zum westlichen Fuß des vielgipfligen Rittergrates. Über eine Felsstufe zu Gras und Moränen. Nun in Richtung SW über Firnmulde und bis vor einen kleinen Felsriegel (kurz unter dem Ritterpass, 2764 m, 3:30 Std.). Hier den Pfad verlassen und nach links die Hänge querend zum Fuß des Grenzgrates und zum Helsegletscher. Über diesen zum Schutt und über brüchige, aber leichte Felsen zum Gipfel.

Aussicht: Nördlich gegenüber der längste Gletscher der Alpen

17 Wasenhorn – Punta Terrarossa, 3245 m (475 mPr)

Der rote Berg gegenüber der Nordflanke des Monte Leone

F	I
P	6 Std.
	1250 mH

Schwierigkeiten: Insgesamt **F**, mit Kletterstellen I
Mühen: Hüttenaufstieg 850 mH (2:30 Std.), Gipfelaufstieg 400 mH (1 Std.)
Gefahren: Recht friedlicher Schutthatscher
Freuden: Ein hübscher Ausflug vom Pass
Karte, Anreise, Spezialführer: → siehe **Monte Leone**

Tourenkarte: → siehe **Monte Leone**

Der südseitig aus rotem Gestein und Lehm bestehende Berg ist ein etwas übersichtlicheres Sonderangebot vom Simplonpass. Er kann von dort in einem Tag bestiegen werden, bietet jedoch auch den Komfort einer nahen Hütte. Die Erstbesteigung erfolgte 1844 durch J. D. Forbes und Pater Alt vom Simplon-Hospiz über den Südwestgrat.

Anreise: Mit Bus oder Auto zum Simplonpass (2005 m, Hospiz)

Hüttenaufstieg: Zuerst wie zum Monte Leone, aber am großen Steinmann auf dem breiten Weg geradeaus weiter. Die beiden großen Bäche durchwaten (im Sommer nachmittags heikel!) und zur nördlich oberhalb des Chaltwasserpasses gelegenen *Monte-Leone-Hütte* (2848 m; SAC Sommartel, 36 L, Tel. 0041/27/979 1412).

17

Gipfelaufstieg: Auf der Gratlinie zwischen S- und SO-Flanke den Spuren folgend über bröckelnde Stufe. Weiter zum NO-Grat. Daran zum Gipfel.
Aussicht: Gegenüber prächtig die Nordflanke des Monte Leone
Andere lohnende Routen: SW-Grat (PD, Stellen II, 1:15 Std. ab H.)

18 Bortelhorn – Punta del Rebbio, 3195 m (431 mPr)

Die Aussichtspyramide über Brig

F | I

5 Std.

1600 mH

Schwierigkeiten: Insgesamt **F**, mit Kletterstellen I
Mühen: Hüttenaufstieg 550 mH (2 Std.), Gipfelaufstieg 1050 mH (3 Std.)
Gefahren: Ein recht friedlicher Berg
Freuden: Ein beliebter Aussichtsberg, als Tagestour machbar
Anreise, Karte, Spezialführer: → siehe **Monte Leone**

Der von Brig gesehen auffällige Gipfel wurde bereits 1840 gern von Gymnasiasten bestiegen.
Hüttenaufstieg: Von der Häusergruppe Berisal (1524 m, an großer Kehre der Straße Brig–Simplon) im Tal ostwärts ansteigen zu den *Bortelhütten* (2113 m; Skiklub Simplon, 26 L, Juni–Sept., Tel. 0041/27/923 32 16)
Gipfelaufstieg: Steig in Richtung Bortellücke. Ab 2600 m gerade über Moränen, Schliffe und Firn der Westflanke aufsteigen. Oberhalb der bei 2900 m gelegenen Schulter auf den Südwestgrat. Daran zum Gipfel.
Aussicht: Im Südwesten Monte Leone mit Ost- und Nordwand

Tourenkarte : → siehe **Monte Leone**

19 Pizzo Gallina, 3061 m (368 mPr)

Der schnittige Klamottengrat am Nufenenpass

PD | II !

4 Std.

620 mH

Vom Nufenenpass (2478 m) Steig nach Norden zu Hütte vor dem Chilchhorn. Links am vom P. 2729 herabkommenden Grat nordwärts. Zwischen Pizzo Gallina und Mittagshorn über Gletscherchen und 50 mH felsig zur Mittagslücke (2960 m). Am WSW-Grat zum Gipfel.

Tourenkarte : → siehe **Blinnenhorn**

F	I
P	7 Std.
▲	1200 mH

20 Hübschhorn, 3192 m (325 mPr)

Hübsch anzusehender Schutthaufen über dem Simplonpass

Östlich vom Simplonpass gelegener Aussichtsberg. Über den breiten Westrücken bis unter den Vorgipfel. Vor Felsen rechts und steile Südflanke und 450 m teils luftigen Grat zum Hauptgipfel.

Hübschhorn von der Nordzufahrt zum Simplonpass

Östliches Wallis

Dies sind die Berge rund um das Saaser Tal. Hier erscheinen Dreitausender neben der Wucht der Viertausender als bloßes Beiwerk. Allerdings bieten sich von den etwas niedrigeren Bergen oft eindrucksvolle Ansichten der Riesen.

21 Stellihorn, 3436 m (452 mPr)

Der behäbige Aussichtsberg über Mattmark

F I

P 6 Std.

1260 mH

Schwierigkeiten: Insgesamt **F**, mit Kletterstellen I
Mühen: Gipfelaufstieg 1260 mH (4 Std.)
Gefahren: Ein friedlicher Anstieg, deshalb gern als langweilig beschimpft
Freuden: Ein wunderbarer Aussichtsgipfel, der seine besten Schaustücke am schönsten bei Morgenlicht präsentiert
Karte: LKS 1: 50 000, Batt 284 Mischabel, 1:25 000, Blatt 1329 Saas
Spezialführer: Waeber, GF Walliser Alpen, Bergverlag Rother; Brandt, SAC Clubführer Walliser Alpen 5

Der Bau des Staudammes hat diesem Talschlussgipfel eine verführerisch bequeme Autozufahrt verschafft, die ihn von Saas aus zur Tagestour macht.

Anreise: Von *Visp* über Stalden nach *Saas Almagell* (1670 m). Talsträßchen zum Restaurant Mattmark (2180 m) an der Staumauer.

Gipfelaufstieg: Steig am Ostufer des Sees nach Süden. Bald nach SO Steig ins Ofental bis 2500 m Höhe. Nun nach NO über schrofige Stufen hinauf zum Fuß des SW-Grates. Links davon über Blöcke und Schutt zum Gipfel.

Aussicht: Besonders großartig auf Monte Rosa und auf Mischabel

22 Portjengrat – Pizzo d'Andolla, 3654 m (386 mPr)

AD- III

8 Std.

2160 mH

Der scharf geschnittene Gneisklettergrat

Schwierigkeiten: Insgesamt **AD-**, mit Kletterstellen III
Mühen: Zur Hütte 1330 mH (3:30 Std.), Gipfelaufstieg 830 mH (4 Std.)
Gefahren: Allrounderfahrung nötig
Freuden: Ein schöner Kletterberg
Karte, Spezialführer, Anreise: → siehe **Stellihorn**

Der schroffe Bergkamm südlich der Weissmies wird an Prominenz von Gipfeln der Umgebung übertroffen. Dafür weist er deutlich höhere Schwierigkeiten auf. Besonders am ›Portjengrat‹ bietet er schöne Kletterei in gutem Fels. Deshalb wird der Berg gewöhnlich von der Scharte Port aus über diese deutlich schwierigere Route erreicht und der leichtere Anstieg meist nur als Abstieg benutzt.

Hüttenaufstieg: Von Saas Almagell auf Steig ostwärts zum Almageller Hotel und auf dem Talweg weiter auf Brücken über den Rotbach und den Wyssbach. Danach im Zickzack hinauf zur *Almageller Hütte* (2894 m; SAC Niesen, 120 L, Juni–Sept., Tel. 0041/27/957 11 79).

Gipfelaufstieg über die Westseite und den oberen Nordwestgrat: Von der Hütte das Wysstal und Trümmerhänge querend zum WSW-Grat des Portjenhorns. Diesen bei 3300 m queren und so auf die Terrasse, die im oberen Teil der Westflanke in Richtung Gipfel zielt. Auf dieser über Schutt und Firn hinauf zum Nordwestgrat. Am Grat weiter, die Türme und eine glatte Platte seitlich umgehend (teils III), zum Gipfel.

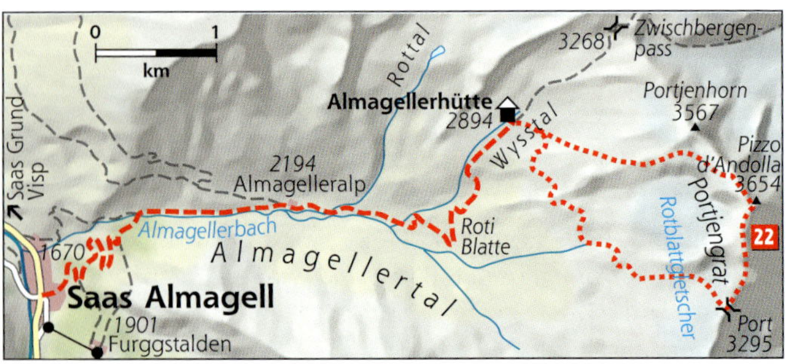

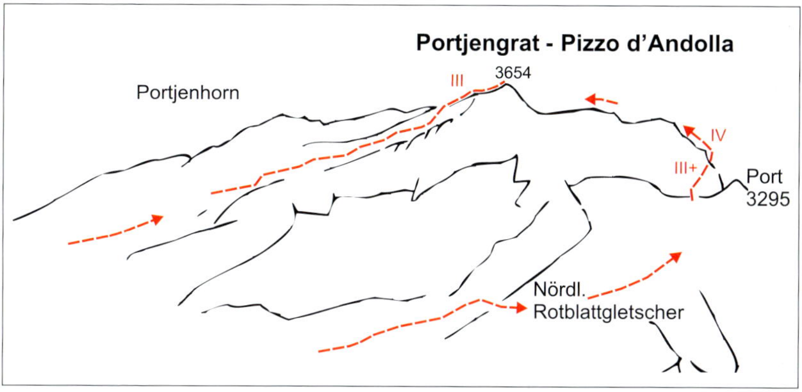

Im **Abstieg nach N** seilt man vom Gipfel 10 m ab, klettert weiter ab zum ersten Turm, umgeht diesen rechts über luftige Rampe (III), überklettert den nächsten Turm, quert auf Band um den 3. Turm und überklettert den letzten, danach leicht weiter und die Rampe der Westseite hinab.

Gipfelaufstieg über den Südsüdwestgrat (»Portjengrat«, D): Von der Hütte gelben Markierungen und Steinmännern folgend die Westflanke queren über P. 2937, einen kleinen See (P. 2922) und an der Moränenkuppe (P. 3007) vorbei zum nördlichen Rotblattgletscher. Über diesen zum Port (Pass 3295 m). Den ersten steilen Grataufschwung links umgehen (gelbe Markierung) und 70 m links des Port hinauf. Nun zum Grat (III+). Daran zu großer Felsschulter (3492 m) und weiter vor den turmreich gezackten Grat. Den 1. Turm links umgehen oder direkt erklettern (IV), die anderen Türme alle links umgehen oder über ihre Kanten klettern.

Aussicht: Die südlich gegenüber gelegene Weissmies zeigt von hier nur ihre Schmuddelseite. Im Westen grandios die Mischabelgruppe.

Andere lohnende Routen: Direkte Südostwand (680 mH, AD+, bis IV)

Nebengipfel: Das **Portjenhorn** (3567 m, ca. 100 mPr) liegt am Grat nördlich vom höchsten Punkt und wird gern vom Zwischenbergpass her über seinen hübschen Nordwestgrat (III, 3 Std.) bestiegen.

PD II !

5 Std.

550 mH

23 Egginer, 3367 m (378 mPr)

Die dunkle Spitze über Saas

Schwierigkeiten: Insgesamt **PD**, mit Kletterstellen II und I
Mühen: Gipfelaufstieg 550 mH (3 Std.)
Gefahren: Einigermaßen ausgeputzter Fels, aber Helm ratsam

Freuden: Auf einem ganz schön unzugänglich aussehenden Berg zu stehen
Anreise, Karte, Spezialführer: → siehe **Stellihorn**

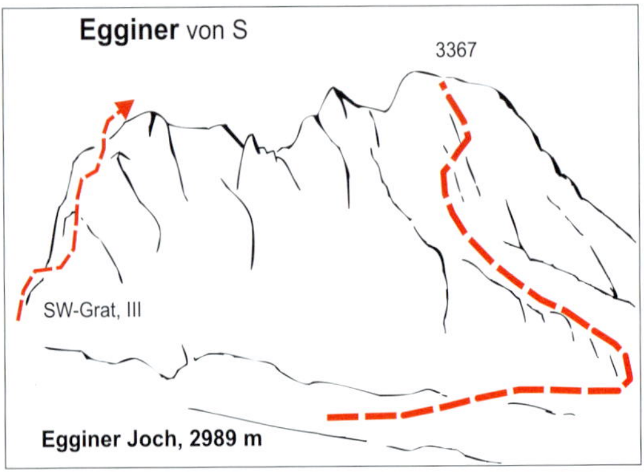

Diese schroffe Felsgestalt ist inmitten der Saaser Gletscherberge ein Fremdkörper. Die optisch unaufdringlich im Berg geführte Tunnelbahn macht das Unternehmen als Tagestour durchführbar.

Egginer vom Allalinhorn, dahinter Fletschhorn, Lagginhorn, Weissmies

23

Der ursprünglich brüchige Fels ist an Graten und Normalweg schon ausgeputzt.
Gipfelaufstieg: Von Station Felskinn nach O die Rampe in Richtung Britanniahütte verfolgen und dann hinab ins Egginer Joch (2989 m). Auf einem Pfad in östlicher Richtung unter den Felsen entlang bis auf 2900 m absteigen. Nun nordwärts über Schutt und Gras zu Schulter und Halde. Über diese hinauf unter die Gipfelflanke. Diese wird rechts haltend, meist an Felsrippen und zuletzt an auffallend rotem Gestein, überwunden.
Andere Routen: SW-Grat vom Egginer Joch (AD-, III, 3 Std.)

24 Spechhorn – Pizzo di Antigine, 3189 m (315 mPr)

Die kecke Spitze über dem Mattmark-Stausee

F+ I

6 Std.

1020 mH

Zuerst wie zum Stellihorn ins Ofental. Darin ganz hinauf. Oben rechts über den Ofengletscher und rechts vom Ofentalhorn (3059 m) in den Spechhornpass (3033 m). Am Grat über griffige Stufen zum Gipfel.

Spechhorn vom Mattmark-Stausee, links die Südwest-Flanke des Stellihorns

PD II

7 Std.

1300 mH

25 Fletschhorn, 3996 m (299 mPr)

Der klassische Beinaheviertausender

Schwierigkeiten: Insgesamt **PD**, mit Kletterstellen II
Mühen: Zur Hütte von Saas Grund 1170 mH (3:30 Std.), ab Station Kreuzboden 350 mH (1 Std.), ab Bergstation Hohsaas Abstieg 30 Min., Gipfelaufstieg 1300 mH (4 Std.)
Gefahren: Am besten durch sehr frühen Aufbruch abwenden
Freuden: Ein großartiger Berg
Karte, Spezialführer, Anreise: → siehe **Stellihorn**

Dieser Berg erscheint zwar von Saas hinter dem höheren Lagginhorn weniger bedeutend, aber vom 2000 m tiefer gelegenen Simplon gesehen zeigt er sich imposant mit seiner 800 m hohen Nordflanke. Die erste Besteigung gelang dem Pfarrer Michael Amherdt 1854 mit zwei Führern. Die erste Begehung der Nordwand auf direkter, eisschlaggefährdeter Linie durch Emile-Robert Blanchet mit den Führern Kaspar Mooser und Oskar Supersaxo am 25. Juli 1928 war ein Husarenstück.

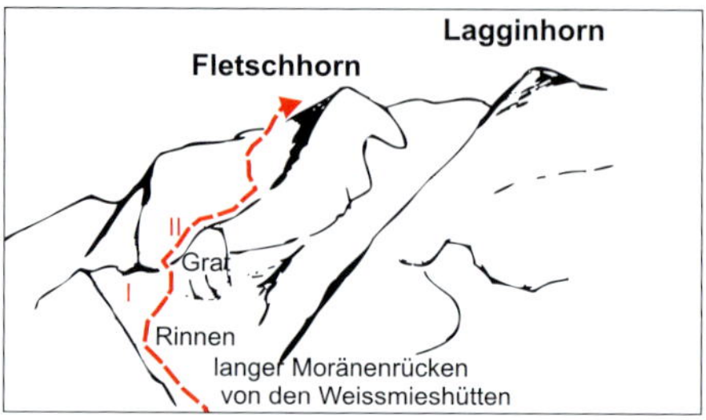

Der Gipfel ragt so nahe an die 4000-Meter-Grenze heran, dass im Tal ernsthaft darüber diskutiert wurde, ob man ihm nicht durch etwas Bautätigkeit den Rang eines Viertausenders verschaffen sollte.
Zum Glück setzte sich dann aber doch die Einsicht durch, dass der Imagegewinn durch einen zusätzlichen Viertausender im Werbeprospekt vom Imageschaden wegen der Lächerlichkeit des Nachbesserns durch eine Gipfelprothese weit übertroffen werden würde.

25

Hüttenaufstieg: Von Saas Grund wacker aufsteigend oder dekadent komfortabel von der Bergstation Hohsaas locker in etwa 30 Min. absteigend zu den *Weissmieshütten* (2726 m; SAC Olten, 150 L, Juni–Nov., Tel. 0041/27/957 25 54)

Das Fletschhorn von Südwesten

Gipfelaufstieg: Von der Hütte Steig über die westliche Seitenmoräne des Tälligletschers zum P. 2972. Am Fuß der Felsen des Jegigrates nach NO Pfadspuren folgend hinauf zum Sattel zwischen P. 3451 und P. 3527. Am Grat nach O in leichter Kletterei zum P. 3527 und zu den letzten Felsen (»Frühstücksplatz«, 2:30 Std., hierher bei reichlich Schnee auch direkt).
Am breiten Firngrat 200 mH nach Osten hinauf. Dann links (NO) über den oberen Grüebugletscher (2 Bergschründe) zum Sattel (3810 m). Nun am Nordwestgrat interessant (oft Spalten und Wechten!) zum Gipfel.
Aussicht: Südlich jenseits vom Fletschjoch das Lagginhorn (4010 m)

26 Joderhorn, 3036 m (190 mPr)

Der Ausguck vom Moropass

F

1 Std.

150 mH

Von Süden ist der Berg bezüglich Zeit und Mühe ein Schnäppchen – für das Budget nicht. Wer den Anblick lieber etwas zünftiger – und mit dramatischen Effekten – gewinnen will, geht besser von Norden von Mattmark aus über den uralten Passweg zum Moropass und erlebt den Ausblick oben dann als plötzliches Ereignis (900 mH, 2:30 Std.).

Zentrales Wallis

Dies sind die Berge vom Moropass bis zum Col de Valpelline, im Norden um das Matter Tal und im Süden um die Täler von Alagna, Gressoney-la-Trinité und Breuil. Hier geben Viertausender den Ton an, und selbstständige Dreitausender sind nur in den randlichen Bergkämmen zu finden. Am Hauptkamm dagegen sind sie alpinistisch weniger bedeutend, aber dafür bieten sie auch hier die idealen Panoramaplätze zum Bewundern der ganz großen Berge.

27 Monte Nery – Becca Frudiera, 3076 m (906 mPr)

PD II **!**

Der felsige Berg über Issime

P 12 Std.

2130 mH

Schwierigkeiten: **PD**, mit Kletterstellen II
Mühen: Gipfelaufstieg 2130 mH (7 Std.)
Gefahren: An den Kletterstellen im Gipfelbereich sollte möglichst nichts passieren, sonst hängt alles am Funktionieren des Handys …
Freuden: Ein Berg, wo keine Besucherscharen zu erwarten sind
Karte, Spezialführer: → siehe **Becca de Luceney**

Durchs Col di Ranzola tief abgetrennt der selbstständigste Gipfel der Region. Aufgrund der unvermeidlichen Steigleistungen bleibt das Publikum übersichtlich.

Anreise: Von Pont-St-Martin im Val Aosta ins Val Gressoney-la-Trinité nach *Issime* (953 m)

Gipfelaufstieg: Nach NW und W im Val Stolen an Almen vorbei hinauf zum Col di Chasten (2549 m). Etwas östlich vom Südgrat auf Wegspuren nach N hinauf. Bei etwa 2650 m über plattigen Fels nach links auf den Grat. Diesen zur Einmündung auf den Westgrat verfolgen (2900 m). Nach Osten luftig (II) zum Gipfel.

Aussicht: Ringsum Almengelände, in der Ferne im Norden Monte Rosa

28 Becca de Luceney, 3504 m (646 mPr)

Der zünftige Berg zwischen Valpelline und Valtournanche

PD II !

7 Std.

1850 mH

Schwierigkeiten: Insgesamt **PD**, mit brüchigen Kletterstellen II
Mühen: Biwakzustieg 850 mH (2:30 Std.), Gipfelaufstieg 950 mH (4 Std.)
Gefahren: Hochalpines Schutt- und Trümmergelände

Freuden: Ein ernster Berg mit großer Distanz zur Zivilisation
Karte: LKS 1:100 000, Blatt Val de Bagnes; Carta dei sentieri e rifugi 1:50 000, Nr. 5 Cervino-Matterhorn e Monte Rosa
Spezialführer: Waeber, GF Walliser Alpen, Bergverlag Rother

Auch Becca de Leceney genannt. Der ansehnlich, ringsum deutlich herausragende Berg südwestlich des Dent d'Hérens ist neben den Touristenmagneten des Haupkammes unbekannt. Das macht ihn umso ernsthafter. Und das Erlebnis seiner Besteigung umso tiefer.

Anreise: Vom Aostatal von *Nus* (529 m) auf Sträßchen nach Norden hinauf über Blavy ins Val St. Barthélemy bis Praz (1756 m)

Hüttenaufstieg: Steig im Tal hinauf zum *Bivacco Luca Reboulaz* (2590 m; 24 L, immer offen), Alternative vom Valpelline her über Col de Livoumeyaz.

Gipfelaufstieg: Am See vorbei nach NW hinauf zum Abfluss des Kares. 80 m links davon (S, Spuren) über Steilstufe ins Kar. Darin recht herb ganz hinauf zur Scharte am Beginn des Nordostgrates. Den ersten Steilaufschwung umgeht man rechts (N), dann in brüchiger und schuttiger Rinne hinauf auf den Grat. Einen Steilaufschwung links schuttig umgehen zum Vorgipfel (3389 m) und südseitig am Grat weiter zum Gipfel.

Aussicht: Im Nordwesten gegenüber Mont Gelé, Singla und Mont Brulé, im Nordosten Dent d´Hérens und Matterhorn.

29 Testa Grigia – Groabhopt, 3315 m (643 mPr)

F

P 10 Std.

1870 mH

Der große Wanderberg von Gressoney-la-Trinité

Schwierigkeiten: Insgesamt **F**
Mühen: Gipfelaufstieg 1870 mH (6 Std.)
Gefahren: Ein friedlicher Berg
Freuden: Großartige Aussicht
Karte, Spezialführer: → siehe **Becca de Luceney**

Das »Grauhaupt« steht südlich vom Liskamm im First zwischen Val di Gressoney und Val d'Ayas. Er ist von beiden Tälern aus unschwierig, aber mit einem langen Hatscher zu erwandern. In Gipfelnähe steht am Monte Pinter (auch »Péntespétz«) eine Biwakschachtel (Biv. Lateltin).

Anreise: Vom Aostatal bei Verres ins Val d'Ayas nach *Champoluc* (1440 m) oder bei Pont-St-Martin ins Val di Gressoney nach *St-Jean-de-Gressoney*

Gipfelaufstieg: Von Champoluc oder vom Val di Gressoney vom großen Parkplatz 2 km nördlich von St-Jean-de-Gressoney auf dem Alta Via Nr. 1 hinauf zum Col di Pinter (2777 m). Nun nach Nordosten am Monte Pinter westlich vorbei zum dahinter gelegenen Sattel. Von dort am breiten Südostgrat zum Gipfel.

Aussicht: Die ansehnlichen Viertausender des zentralen Walliser Hauptkammes

Nebengipfel: Der **Monte Pinter** (3132 m) ist mit geringem Aufwand an Zeit und Mühe vom Weg her zusätzlich besteigbar.

30 Grand Tournalin, 3379 m (553 mPr)

Aussichtsgipfel mit kompliziertem Finish

PD	III !
P	7 Std.
	1300 mH

Schwierigkeiten: Insgesamt bis zum Südgipfel **F**, mit Kletterstellen I, zum Hauptgipfel auch **PD**, mit heikler Kletterstelle III
Mühen: Gipfelaufstieg 1300 mH (4 Std.)
Gefahren: Übergang zum Hauptgipfel richtige Kletterei an brüchigem Fels
Freuden: Panoramaplatz
Karte, Spezialführer, Anreise: → siehe **Becca de Luceney**

Anreise: Vom Aostatal ins Valtournanche nach Cheneil (2100 m, oberhalb von *Cretaz*)

Gipfelaufstieg: Von *Cheneil* auf dem Alta Via Nr. 1 nach Südosten breiten Weg in Richtung Col di Nana hinauf bis zur Alp Champsec (2331 m). Nun nach links (NO) Steig Nr. 24 über Rampe zwischen Felsstufen im Bogen zu den Wiesenhängen westlich des Gipfels.

Nun rechts (O) den Pfad über die alten Moränenhänge hinauf zur Scharte zwischen Grand und Petit Tournalin. In leichter Kletterei

Grand Tournalin und Petit Tournalin von West

30

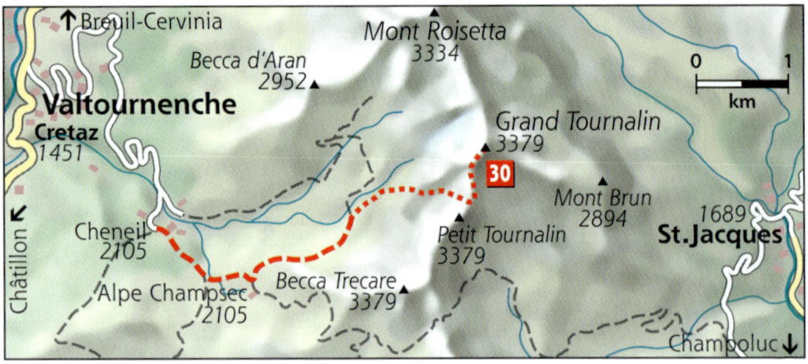

über den Südgrat zum Südgipfel. Der Übergang zum höheren Nordgipfel wird durch den Abstieg über ein brüchiges Wandl (III) zur Scharte kompliziert.

Aussicht: Im Norden Matterhorn und Breithorn

Nebengipfel: Der **Petit Tournalin** (3207 m) von der Scharte hübsch (II). Der nördlich anschließende, öfter bestiegene **Mont Roisetta** (3334 m) wird erreicht, wenn man, statt über die Moränenhänge abzuzweigen, weiter im Haupttal nach Nordosten aufsteigt.

PD II !

P 10 Std.

1700 mH

31 Becca di Viou, 3032 m (483 mPr)

Der südliche Nachbar des Monte Nery

Schwierigkeiten: Insgesamt **PD**, mit Kletterstellen II
Mühen: Gipfelaufstieg 1700 mH (7 Std.)
Gefahren: Bei Beachtung der im Gebirge üblichen Vorsichtsregeln keine besonderen, aber Umgang mit schrofigem Gelände sollte vertraut sein
Freuden: Ein Berg ohne Gedränge
Karte, Spezialführer, Anreise: → siehe **Monte Nery**

Der südlichste Gipfel im langen Gratkamm, der vom Liskamm über Testa Grigia und Mont Nery nach Süden zum Aostatal zieht. Von Issime Sträßchen nach SW nach S. Margherita (1350 m). Über Almen insgesamt nach W das Tal hinauf zur Alpe Vlou superiore südlich des Berges.

Im Tal zwischen den beiden Spornen, die von der Becca di Vlou und der westlich gelegenen Becca Torché (also dem mittleren und dem linken der drei Gipfel) herabziehen, hinauf zum Grat. Blockkletterei (II) zum Gipfel.

32 Corno Bianco, 3320 m (439 mPr)

Der große Gipfel über dem Val Vogna

PD II !

9 Std.

2300 mH

Schwierigkeiten: Insgesamt **PD**, mit Kletterei II
Mühen: Hüttenaufstieg 1100 mH (4 Std.), Gipfelaufstieg 1200 mH (5 Std.)
Gefahren: Einsame Gegend ist immer ernst. Auf Orientierung achten!
Freuden: Ein unbeleckter Ort
Karten, Spezialführer: → siehe **Becca de Luceney**

Dominierender Gipfel südlich des Monte Rosa. Zur Einstimmung: Die herbe Schönheit dieser Berge und das harte Leben der Bergbauern im Val Vogna hat Eberhard Neubronner einfühlsam und packend beschrieben in »Das schwarze Tal« (Goldmann-Verlag).

Anreise: Mit Bus oder Auto von Osten her durch das Valle della Sesia bis Riva (kurz vor Allagna), dann nach Südwesten, das Val Vogna hinauf nach *San Antonio* (1381 m)

Hüttenaufstieg: Zu Fuß weiter das Tal hinauf, oben im Valdobbiola zum Col Valdobbia zum *Rifuio Ospizio Nicolao Sottile* (2480 m, 20 L, bew. im Sommer, Tel. 0039/347/954 36 16)

Gipfelaufstieg: Nach Norden zum Passo Valdobbiola (2635 m), der Markierung 1B folgend zuerst nach Westen hinab, dann der Markierung nach die Westseite der Creste Rosse queren und wieder hinauf, über den Passo dell'Arpetto (2774 m). Nun ostseitig hinab zum Lago Nero (2672 m; hierher auch direkt vom Val Vogna über die Alpe delle Pile und am Lago Bianco vorbei). Über eine Schutthalde zu Felsen. Im Winkel zwischen einer Felsrippe und einer gelblichen Felsbarriere mit dunklen Strukturen nach links hinauf (hilfreiche Kette, ohne ihre Benutzung III) zum »Passo d'Artemisia«. Über Schutt schräg links zur Felsrinne. In dieser (I) bis dicht vor den Grat. Wand links umgehen (II). Zum Grat. Daran zum Gipfel.

Aussicht: Im Norden der Monte Rosa und Trabanten.

AD III !

7 Std.

1600 mH

33 Grand Cornier, 3961 m (422 mPr)

Der Beinaheviertausender im Schatten der Dent Blanche

Schwierigkeiten: Insgesamt **AD**, mit Kletterstellen III
Mühen: Hüttenaufstieg 500 mH (2:30 Std.), Gipfelaufstieg 1100 mH (4 Std.)
Gefahren: Ein luftiger Gipfelgrat, der bei Schnee und Sturm auch rasch unerquicklich werden kann. Gletscher, eventuell Wechten
Freuden: Grandioser Aussichtspunkt
Karte: LKS 1:50 000, Blatt 5006 Matterhorn-Mischabel, 1:25 000, Blatt 1327 Evolène
Spezialführer: Waeber, GF Walliser Alpen, Bergverlag Rother; Brandt, SAC Clubführer Walliser Alpen 3

Dieser Beinaheviertausender ist eine stattliche dreiseitige Pyramide, wenn auch die gleich südlich von ihm aufragende Dent Blanche ihm etwas die Schau stiehlt. Die erste Besteigung holte sich Edward Whymper mit Christian Almer, Franz Biner und Michael Croz am 16. Juni 1865, knapp einen Monat vor der tragischen ersten Besteigung des Matterhorns. Sie benutzten Südflanke und Südostgrat, während der heutige Normalweg erst 1873 durch Th. Bornand mit Elias Peter gefunden wurde.

Anreise: Vom Rhônetal von Sierre im Val d'Anniviers nach Grimentz (1572 m) und zum Staudamm des Lac de Moiry (2249 m, bis hier Bus)

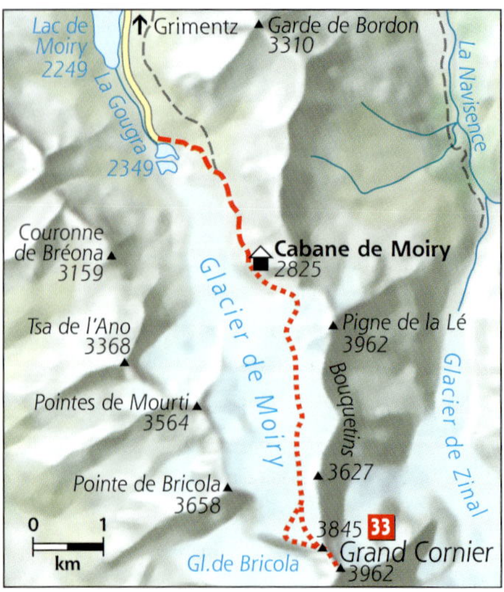

Hüttenaufstieg: Vom Südende des Stausees östlich vom Bach Steig zur *Cabane de Moiry* (2825 m; SAC, 95 L, Juli–Sept., Tel. 0041/27/475 45 34)

Gipfelaufstieg: Von der Hütte nach Südosten Steig zum Gletscher. Unter den Felsen am Fuß des Pigne de la Lé entlang und dann auf den Firnhängen der Bouquetins südwärts bis vor den Firnhang des Vorgipfels. Zuletzt entweder bei gutem Firn direkt – oder mit Rechtsschleife zum Westsporn und daran – zum Vorgipfel (3845 m, 3 Std.). Nun am

33

luftigen Felsgrat direkt über die einzelnen Türme, nur einen der letzten östlich umgehen, und zum Gipfel (4 Std.).
Aussicht: Südlich gegenüber gewaltig die Nordwand der Dent Blanche

34 Pointe de Zinal, 3789 m (299 mPr)

Panoramaberg zwischen Dent Blanche und Obergabelhorn

PD II
7 Std.
2150 mH

Von der *Schönbielhütte* (2694 m; SAC, 80 L, März–Sept., Tel. 0041/27/967 13 54; von Zermatt 1050 mH, 4 Std.) ist dieser grandiose Aussichtspunkt nach NO, zuerst westlich vom Hohwänggletscher, dann über diesen, das Col Durand und den NO-Rücken erreichbar (4:30 Std.).

35 Cima di Jazzi, 3803 m (243 mPr)

Gletscherhatscher von der Stockhornbahn

F I
5 Std.
550 mH

Schwierigkeiten: **F**, mit Kletterstellen I
Mühen: Erstmal tiefer Griff ins Portemonnaie. Ab Bergstation zum Gipfel 400 mH (3 Std.), dazu beim Rückweg 150 mH Gegensteigung
Gefahren: Relativ friedlicher, aber nicht spaltenloser Gletscher in beachtlicher Höhe, die nach dem raschen Hinauffahren weniger gut akklimatisierte Menschen in Bedrängnis bringen kann. Bei Nebel und Verlust der Spur große Orientierungsprobleme
Freuden: Gletschertour in großartiger Hochgebirgslandschaft
Karte: LKS 1:50 000, Blatt 5006 Matterhorn-Mischabel
Anreise: → siehe **Mettelhorn**

Höchster Gipfel zwischen Strahlhorn und Monte Rosa – von Westen ein Gletscherbuckel, von Osten schroffer Randgipfel der wilden Ostabstürze des Monte-Rosa-Massivs. Mit Bergbahnnutzung ist das eine runde Tagestour: Von der Bergstation Stockhorn (3405 m) Karawanenweg zum Gipfel des Stockhorn (3532 m) und nach O hinab zum Stockhornpass (3394 m). Nun zunächst über den breiten Nordwestrücken des Torre di Castelfranco (3632 m) aufsteigen. Erst kurz vor dessen Gipfel, oberhalb der Spaltenzonen, nach links (N) queren zum Nordwestrücken der Cima di Jazzi. Über diesen zum Gipfel.

F-	Steig
(Seilbahn)	1:30 Std.
(Höhe)	315 mH

36 Oberrothorn, 3415 m (260 mPr)

Seilbahnspaziergänge über Zermatt

Ein Aussichtsberg, der mit so wenig Aufwand an Schweiß erreichbar ist, garantiert natürlich bei akzeptablem Wetter gewaltige Besuchermengen...

Von Zermatt U-Bahn nach Sunnega, dann Kabinenbahn über Station Blauherd zum Unterrothorn (3103 m). Steig nach O zur Schuttmulde vor dem Schwarzgrat, dann nach Norden hinauf zum Gipfel. Östlich nahe das Rimpfischhorn, im Süden entfernter Monte Rosa, Breithorn, Matterhorn und mit dem Klein-Matterhorn das andere Seilbahnangebot von Zermatt. Wer dort mit der Fahrstuhlfahrt zur Besucherterrasse trotz dünner Luft nicht ausgelastet ist, kann vom Tunnelausgang nach Süden entlang dem Skilift ohne Fährnisse die **Gobba di Rollin** (3899 m, 73 mPr, 140 mH) erreichen.

Mettelhorn vom Platthorn, dahinter Dom, Täschhorn und Alphubel

37 Mettelhorn, 3406 m (240 mPr)

Der Aussichtsbalkon zwischen Weisshorn und Matterhorn

F

10 Std.

1800 mH

Dies ist der schönste Aussichtsberg um Zermatt, und das hat sich herumgesprochen. Aber die vielen strammen Höhenmeterchen auf Schusters Rappen lassen die Besucherzahlen hier übersichtlich bleiben. Wem die Höhendifferenz für einen Tag zu groß erscheint, der kann im altehrwürdigen Berggasthaus Trift übernachten.

Anreise: Mit Auto bis Großparkplatz Täsch, nur mit Bahn bis *Zermatt* (1600 m), das sich mit seiner Pionierarbeit in der Durchsetzung der Idee städtischer Fußgängerzonen weltweit verdient gemacht hat

Hüttenaufstieg: Vom Bahnhof Zermatt aus etwa 1 km durch den Ort aufsteigen, dann nach Westen Steig durch die Triftschlucht in 2 Std. zum *Berggasthaus Trift* (2337 m; privat, 29 L, Tel. 0041/79/408 70 20).

Gipfelaufstieg: Noch 500 m weiter in Richtung Rothornhütte, dann rechts abzweigen und nach NO Steig über Moränenfelder hinauf zum Sattel westlich des Platthorns. Daran nordseitig vorbei auf dem Hohlichtgletscher (Spalten!) queren zum Sattel zwischen Platthorn und Mettelhorn. Über dessen teils plattige SW-Seite zum Gipfel.

Aussicht: Im Norden gewaltig das Weisshorn mit seiner felsigen Südostflanke, im Westen das schroff-steile Zinalrothorn und im Süden das Matterhorn mit seiner berühmt-berüchtigten Nordwand

Nebengipfel: Das **Platthorn** (3345 m) ist am besten über den Nordwesthang zu besteigen (F, 30 Min. vom Hohlichtgletscher).

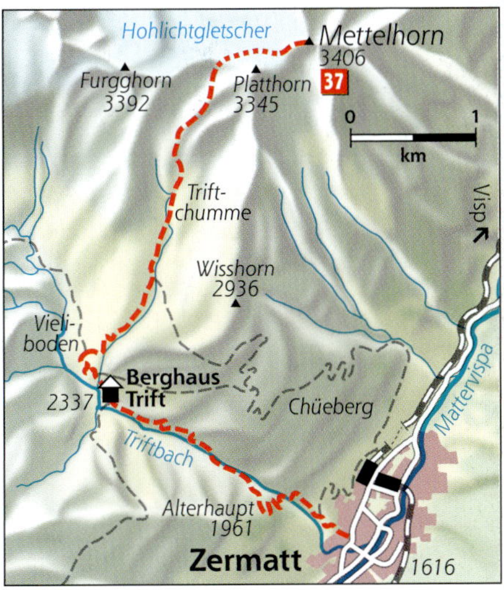

F I

6 Std.

1830 mH

38 Tête de Valpelline, 3802 m (237 mPr)

Der große Gletscherwanderberg im Walliser Hauptkamm

Bei der Haute Route der alpinen Skitourengeher ist dieser nordseitig eisbedeckte Gipfel ein Highlight, aber auch im Sommer ist er ein lohnendes Ziel. Erste Besteigung durch Edward Whymper mit Franz Biner 1866.

Von Aosta das ganze lange Valpelline-Tal hinauf bis *Prarayer* (2005 m), dann Steig zum *Rifugio Aosta* (2781 m; CAI Aosta, 30 L, Juni–Sept., Tel. 0039/0165/73 00 06; 800 mH, 4 Std.). Ab Hütte über Moräne und Firnfeld unter 70 m hohe Felswand. Den Firn queren zu Schuttfeld. 15 m links im zweiten Couloir, hinter einem Gendarmen, gestuft zum Col de la Division (3314 m; hierher auch von der Cabane Bertol über Col de Bouquetins und mit Querung über den Haut Glacier Tsa de Taon in 3 Std.). Nach NO etwas abwärts in Richtung Tête Blanche über den Gletscher. Dicht vor den Felsen nach O hinauf zum Col de Valpelline (3568 m). Nach S Firnabdachung zum Gipfel (3:30 Std.).

Dent d´Hérens und Tête de Valpelline von Norden

Westliches Wallis (vom Col de Valpelline bis Grand St. Bernard)

Etwas weniger bekannt als die Paradegipfel um Zermatt sind diese Berge schon, die um Val d'Anniviers, Val d'Hérens, Val de Bagnes im Norden und Valpelline im Süden aufragen, aber auch dies sind faszinierende Berggestalten. Der große Viertausender Grand Combin beherrscht hier die Szenerie, aber sonst geben Dreitausender den Ton an.

39 La Ruinette, 3875 m (822 mPr)

Der höchste Gipfel zwischen Grand Combin und Dent d'Hérens

PD II !

8 Std.

1980 mH

Schwierigkeiten: Insgesamt **PD**, mit Kletterstellen II
Mühen: Hüttenaufstieg 550 mH (3:15 Std.), Gipfelaufstieg 1430 mH (5 Std.)
Gefahren: Nicht besonders problematischer Anstieg. Der Gletscher litt in den letzten Jahren heftig an Schwindsucht, kann aber weitgehend vermieden werden. Der Fels ist nicht so einsturzgefährdet, wie der Name vermuten lassen könnte, an den Graten sogar recht fest.
Freuden: Einen lokalen König besuchen
Karte: LKS 1:50 000, Blatt 283 Arolla und 282 Martigny; 1:25 000, Blatt 1326 Rosablanche und 1346 Chanrion
Spezialführer: Waeber, GF Walliser Alpen, Bergverlag Rother; Brandt, SAC Clubführer Walliser Alpen 2 und 3

Besonders schmeichelhaft klingt der Name dieses Berges nicht. Auch bleibt er vom Grund der Täler aus gesehen meist versteckt hinter vorgelagerten Schultern. Aber von den höheren Gipfeln aus, da kommt der höchste Gipfel zwischen dem Grand Combin und den Zermatter Paradebergen doch angemessen zur Geltung. Die Ersten dort oben waren Edward Whymper mit den Führern Christian Almer und Franz Biner, am 6. Juli 1865. Der von Norden vom Lac de Dix aus gesehen spektakuläre Mont Blanc de Cheilon ist mit einem hohen Grat angeschlossen und deshalb genau besehen nur ein nördlicher Nebengipfel der Ruinette.

Anreise: Mit Bus oder Auto von Martigny über Sembrancher und Villette das Val de Bagnes ganz hinauf, zuletzt durch einige enge Tunnel, bis zum Parkplatz kurz vor dem Staudamm des *Lac de Mauvoisin* (ca. 1920 m)

39

Hüttenaufstieg: Die zuletzt gesperrte Straße hinauf, durch Tunnel zur Dammkrone. Dann am Westufer durch weitere Tunnel am Stausee entlang. 1 km hinter seinem Südende nach Osten hinauf zur *Cabane de Chanrion* (2462 m; SAC Genève, 86 L, Juli–Sept., Tel. 0041/27/778 12 09).

Gipfelaufstieg: Nach N auf Steig über den Bach des Glacier du Brenay, das Col Tsofeiret und einen markanten Moränenrücken zum Col de la Lire Rose (3115 m). Nun nach Osten über Schutt und dann über Felsriegel (Stellen II, fester Fels) zum westlichen Rand des Glacier de la Ruinette. Am besten nahe dem linken Rand zum Vorgipfel P. 3710 und direkt auf der Kante des luftigen Grates (teils II) zum Gipfel.

39

Links Grand Combin und Mont Blanc im ersten Morgenlicht, davor Ruinette noch im Schatten

Aussicht: Im Westen gegenüber der Grand Combin mit seiner berüchtigten, von Eislawinen bedrohten Gletscherrampe (»Corridor«)

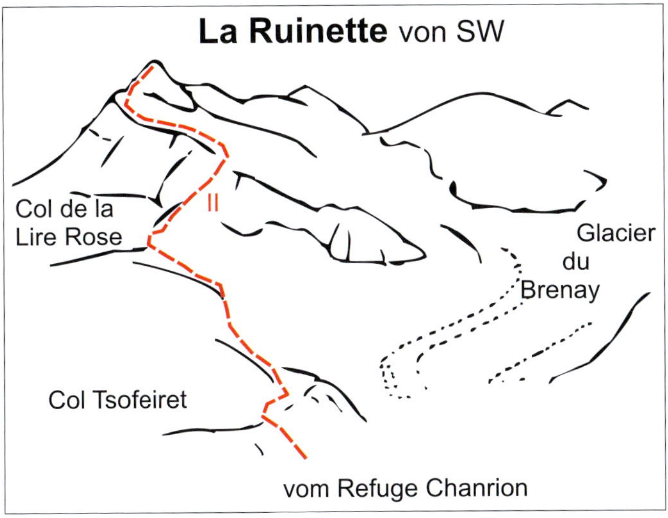

AD+ III+ !

9 Std.

1850 mH

40 Aiguilles Rouges d'Arolla, 3644 m (789 mPr)

Der Zackengrat zwischen Lac de Dix und Val d'Arolla

Schwierigkeiten: Insgesamt **AD+**, mit Kletterstellen III+
Mühen: Hüttenaufstieg 970 mH (3 Std.), Gipfelaufstieg 850 mH (4:30 Std.)
Gefahren: Eine vielseitig anspruchsvolle Route mit Gletscherzugang. Längere schwierige Felskletterei, nur bei aperen Verhältnissen ratsam. Wer sich noch zu spät im Couloir aufhält, dem fliegen Steine um die Ohren!
Freuden: Ein exklusiver Gipfel – viel Feind, groß Ehr!
Karte, Spezialführer, Anreise:
→ siehe **La Ruinette**

Die Aiguilles Rouges d'Arolla sind ein ruppiger Berg. Wer tatsächlich auf dem mittleren und höchsten Gipfel des langen Felsgrates stehen will, hat sich schon etwas vorgenommen.

Hüttenaufstieg: Von der 3 km nördlich von Arolla gelegenen Lokalität La Gouille (1844 m, Bushaltestelle) nach Westen Steig hinauf zur *Cabane Aiguilles Rouges* (2810 m; CAAG, 80 L, Juli–Sept., Tel. 0041/272/83 16 49)

Gipfelaufstieg: Zum Glacier Inferieure des Aiguilles Rouges. Über diesen hinauf zur Falllinie der

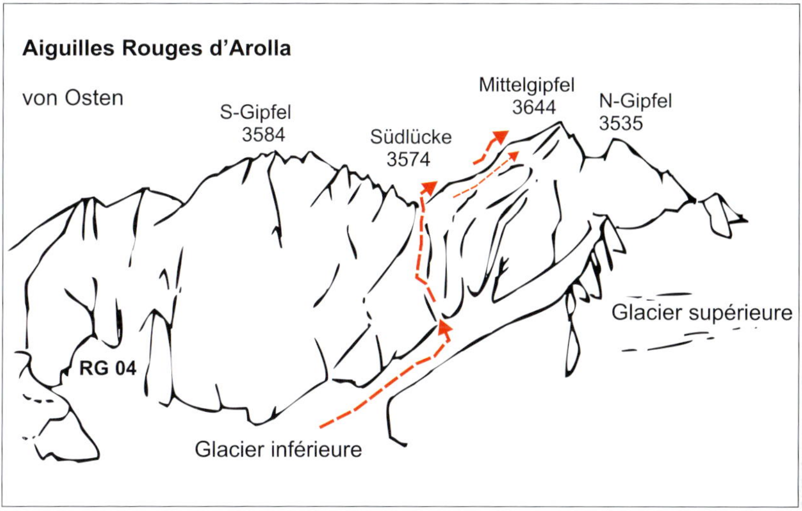

Scharte zwischen Süd- und Mittelgipfel (»Südlücke«). Im nördlichen der beiden von dort herabziehenden engen Couloirs so weit wie möglich hinauf. Dann links in die Nordseite der die Couloirs trennenden Felsrippe. Daran an festem Fels in durchaus anspruchsvoller Kletterei zur Scharte. Am wenig schwierigen Südgrat (oder rechts daneben), zuletzt in kleinem Kamin zum Gipfel.

Aussicht: Im Süden der Mont Blanc de Cheilon und der Pigne d'Arolla

Aiguilles Rouges d'Arolla von La Gouille, links Südgipfel, rechts Hauptgipfel

PD II !

7 Std.

2100 mH

41 Les Bouquetins, 3838 m (626 mPr)

Der ganz schön bizarre Zackengrat

Schwierigkeiten: Insgesamt **PD**, mit Kletterstellen II
Mühen: Hüttenaufstieg 1300 mH (4 Std.), Gipfelaufstieg 800 mH (3:30 Std.)
Gefahren: Ernst zu nehmende Gletscher! Oft sehr breiter Bergschrund. In der Flanke Steinschlaggefahr
Freuden: Ein wild-schroffer Gipfelgrat
Karte: SAC-Karte 1:50 000, Blatt 283 Arolla; 1:25 000, Blatt 1347 Matterhorn
Spezialführer: Waeber, GF Walliser Alpen, Bergverlag Rother; Brandt, SAC Clubführer Walliser Alpen 3

Ganz schön wild sieht er aus, dieser 3 km lange, zerhackte Bergkamm. Aber wie an der Evêque findet sich auch hier eine Seite mit moderaten Schwierigkeiten. Als Erste stiegen dort A. B. Hamilton mit J. Anzevui und J. Vuignier am 6. September 1871 hinauf.

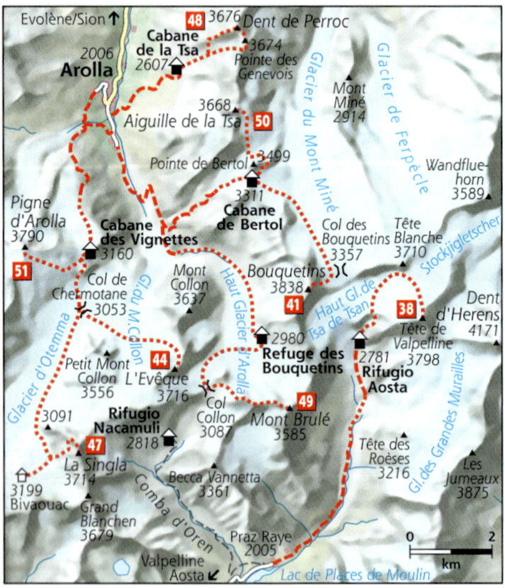

Anreise: Sion – Val d'Hérens bis Les Hauderes – *Arolla* (2000 m)

Hüttenaufstieg: Von Arolla im Talgrund Fahrstraße zum Fahrverbot bei P. 1973. Straße weiter zu ihrem Ende. Nun Steig zuerst nordostwärts, dann nach Osten Zickzacksteig hinauf zum Plans de Bertol (2664 m) und weiter zum Glacier de Bertol. Zunächst auf den großen Felsen zu, dann rechts an seinem Fuß entlang und über steilen Firnhang zum Col. Wenig oberhalb zur auf einem Felsbuckel stehenden *Cabane de Bertol* (3311 m; SAC Neuenburg, 80 L, Juli–Sept., Tel. 0041/27/283 19 29).

Gipfelaufstieg: Von der Hütte nach Südosten etwas absteigen, dann im obersten Gletscherbecken des Glacier du Mont Miné bis unter den Felssporn mit P. 3229. Hier kommt das Col des Bouquetins in Sicht. Direkt mit mäßiger Steigung ins Col (3357 m, 1:15 Std.).

41

Über den oft breiten Bergschrund und zu den linken Begrenzungsfelsen des großen Couloirs. Auf den Randfelsen nach links, dann ein kleineres Couloir queren auf die Felsrippe, die vom Nordgipfel Signal P. 3823 herabzieht. Auf dieser Rippe bis unterhalb des Signals, dann nach links ein Couloir queren und hinauf zum Hauptgipfel.
Aussicht: Im Nordosten beherrschend die Dent Blanche

42 Mont Velan, 3731 m (625 mPr)

Der Grenzgipfel über dem Pass der Bernardiner und Mönche

F+ II !

12 Std.

1800 mH

Schwierigkeiten: Insgesamt **F+**, mit Kletterstellen II
Mühen: Gipfelaufstieg 1800 mH (7 Std.)
Gefahren: In der Westflanke Steinschlag möglich, der Arête d'Annibal ist sicherer. Beim Aufstieg von Osten weitläufig Gletscher.
Freuden: Ein zünftiger Berg
Karte: SAC-Karte 1:50 000, Blatt 282 Martigny und 292 Courmayeur
Spezialführer: → siehe **La Ruinette**

Der großartige Grenzgipfel östlich über dem Col du Grand St. Bernard wurde bereits am 31. August 1779 durch den Domherrn des Hospizes Laurent-Joseph Murith mit den einheimischen Jägern Moret und Genout bestiegen, wobei sie über die Westflanke auf- und über den Arête d'Annibal abstiegen. Das ist auch heute noch ein Aufstieg ohne Stützpunkt und folglich eine Hammertour. Eine Alternative mit Hütte ist der weit längere Aufstieg von der Cabane Velan über das Col de la Gouille und die Ostseite, der jedoch im Gegensatz zur Route der Erstbesteiger über weite Strecken auf gar nicht so harmlosen Gletschern verläuft.

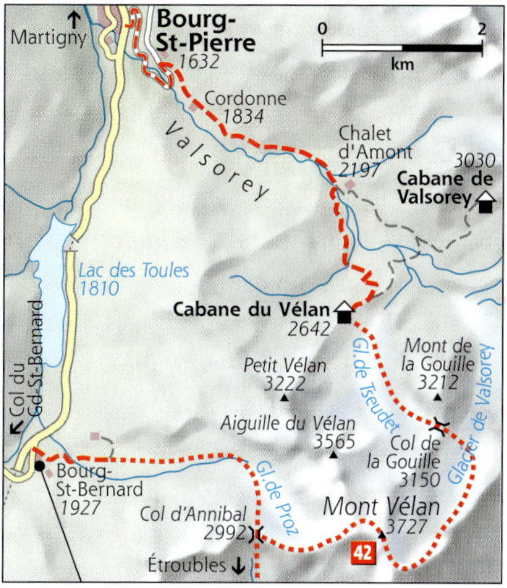

42

Mont Velan von West, von Bourg-St-Bernard

Gipfelaufstieg von Bourg-St-Bernard (1927 m, am nördlichen Tunnelausgang): Nach Osten Weg in Richtung Plan du Jeu und zum oberen Ende des Skilifts (2273 m). Nun im Zickzack über begrünten Rücken zum schuttbedeckten Glacier de Proz. Diesen rechts betreten. An seinem linken Rand nach Süden hinauf zum flachen Col d'Annibal (2992 m, 3:30 Std.; hierher auch von Süden von Etroubles durch das Val Molline und über die Alpe Montagna Molline, 2424 m, von dort weglos).

Ab Col d'Annibal am zuerst leichten Grat, steile Passagen seitlich (meist links) umgehend, zum Felskopf Aiguille du Déjeuner (3346 m). Über kurzen Schneegrat zum oberen Teil des Grates, wo die Kletterei etwas weniger leicht ist. So erreicht man den P. 3681 m. In südlicher Richtung über flachen Firn zum Gipfel.

Gipfelaufstieg von Bourg-St-Pierre (1632 m) über Cabane du Velan (dann 930 + 1170 mH, Gletscher, I A0): Vom Ort nach

42

Südosten talauf, gemeinsam mit dem Aufstieg zur Cabane de Valsorey bis kurz vor das Châlet d'Amont (2197 m). Noch vor diesem rechts im Talgrund bleibend weiter, zuletzt steil hinauf, zur *Cabane du Velan* (2569 m, SAC Genf, 64 L, Juli–Sept., Tel. 0041/27/787 13 13).

Auf Pfad zum Glacier de Tseudet und über dessen linke Moräne bis unterhalb von Abbruch. Nun den Gletscher nach Ostsüdost queren und am Fuß der Felsen des Mont de la Gouille zur Mulde unter dem Col. Hinauf zum Übergang (rechts von zwei spitzen Türmen, Kette). Jenseits über steile Felsen (Versicherungen) hinab zum Glacier de Valsorey. Diesen genau nach Süden queren und über Firnhang östlich einer Felsinsel hinauf. Dann durch Gletschermulde, große Spalten westlich umgehend, zum Grenzgrat. An diesem leicht zum Gipfel.

Aussicht: Im Nordosten die Masse des Grand Combin

F+ I !

9 Std.

1820 mH

43 Mont Gelé, 3518 m (619 mPr)

Der Eckpfeiler zwischen Valpelline und Mont Velan

Schwierigkeiten: **F+**, mit Kletterstellen I
Mühen: Gipfelaufstieg 1820 mH (6 Std.)
Gefahren: Die Gletscherpassagen sind relativ friedlich. Einsame Gegend.
Freuden: Ein alpiner Berg
Karte: SAC 1:50 000, Blatt 293 Valpelline
Spezialführer: → siehe **La Ruinette**

Der Mont Gelé ist durch seine Position am Knick des Grenzkammes zwischen Mont Velan und Valpelline markant herausgehoben und durch tief eingeschnittene Sättel deutlich abgetrennt. Die erste Besteigung erfolgte durch F. W. Jacomb mit J. B. und Michl Croz vom Valpelline über das Col du Mont Gelé. Auch der Aufstieg von Südwesten her ist unschwierig, aber weitläufig.

Anreise: Mit Bus oder Auto ins Valpelline nach *Dzovenno* (1575 m) und mit Auto noch hinauf nach Ru (1696 m)

Gipfelaufstieg: In nordöstlicher Richtung auf Steig zur Alpe Berrié (2192 m). Nun nach SW auf horizontalem Hangweg (Alta Via Nr. 3) in das Tal und darin hinauf (an Biwak Crête Sèche, 2398 m, und Biwak Spataro, 2613 m, vorbei). Nach einem sandigen Boden mit Bachmäandern zur Mündung eines Schneecouloirs. Je nach Verhältnissen darin oder rechts davon hinauf zum ausgedehnten Vorfeld des Glacier d'Aroletta. Über dessen Reste zum Col du Mont Gelé (3144 m). Jenseits auf den Ghiacciaio del Monte Gelé, unter dem Col del Balme durch und auf dem Firn links (S) vom Südostgrat zum Gipfel.

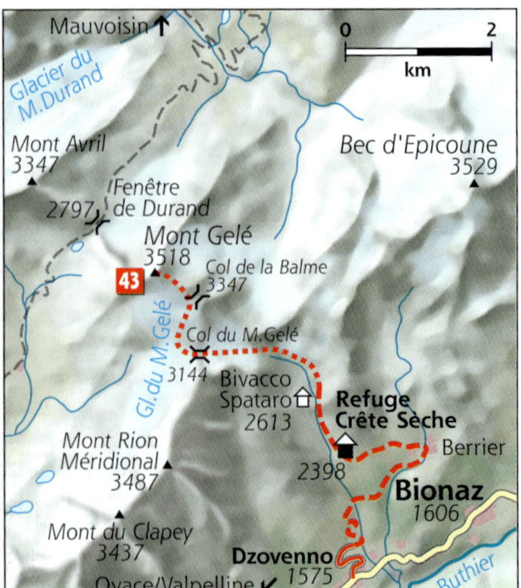

Aussicht: Im Nordwesten dominierend der Grand Combin

Andere lohnende Routen: Zugang zum Col de la Balme auch von Norden her vom Refuge Chandrion über den Glacier de Crête Sèche und ein Couloir (F+, zuletzt steinschlagträchtig)

44 L'Evêque, 3716 m (503 mPr)

Großer schroffer Berg im Hintergrund

F+ | !

6 Std.

1600 mH

Schwierigkeiten: Insgesamt **F+**, mit Kletterstellen I
Mühen: Zur Hütte 1000 mH (3:30 Std.), Gipfelaufstieg 650 mH (3:30 Std.)
Gefahren: Gletscherberg, zuletzt auch steiler Firn
Freuden: Der markanteste Berg oberhalb Arolla
Spezialführer: Waeber, GF Walliser Alpen, Bergverlag Rother; Brandt, SAC Clubführer Walliser Alpen 2
Karte, Anreise: → s. **Les Bouquetins**

Von Arolla aus sieht eigentlich der Mont Collon viel spektakulärer aus, aber die dahinter sichtbare Evêque wächst bei Annäherung zur tatsächlichen Größe heran. Dieser Berg ist ein eindrucksvoll schroffer Felsgipfel mit nur einer Schwachstelle, die der Normalweg dann auch nutzt. Die Erstbesteigung gelang A. Baltzer und C. Schroeder am 5. August 1867.

Tourenkarte: → siehe **Les Bouquetins**

Hüttenaufstieg: Von den obersten Häusern von Arolla (2120 m) Steig in südwestlicher Richtung durch lichten Wald (Tsijiore Nouve) zu Moränenkamm (hierher auch auf gesperrtem Sträßchen der Kraftwerkbahn). Über den Moränenrücken und unterhalb vom Glacier de Pièce vorbei zu Felsstufe östlich davon. Den

L'Evêque von Arolla

44

Markierungen folgend hinauf zum Gletscher. Zuerst an seinem Ostufer, dann ab 2900 m Höhe geradeaus in seiner Mitte zum Col des Vignettes und der *Cabane des Vignettes* (3170 m; SAC, 125 L, März–Sept., Tel. 0041/27/283 13 22).

Gipfelaufstieg: In südlicher Richtung zuerst durch eine Mulde absteigen und hinüber zum weiten, flachen Col de Charmotane (3053 m).

Nun auf dem Glacier du Mont Collon südostwärts unter der Nordflanke des Petit Mont Collon durch und zuletzt nach Osten in Richtung Mont Collon haltend zum Fuß der Nordflanke der Evêque. Nun über diese steiler hinauf zum Sattel nordöstlich des Gipfels. Von dort über steilen Firn oder Eis hinauf zum Sattel zwischen Vor- und Hauptgipfel.

Aussicht: Ganz schön hochalpine Szenerie ringsum

PD !!

P 9 Std.

1650 mH

45 Le Pleureur, 3704 m (461 mPr)

Der Berg oberhalb der Staumauer des Lac de Mauvoisin

Schwierigkeiten: Insgesamt **PD**, mit Kletterstellen II
Mühen: Gipfelaufstieg 1650 mH (5:30 Std.)
Gefahren: Teils schrofiges Gelände, das sowohl Trittsicherheit als auch Erfahrung in Feinorientierung voraussetzt.
Freuden: Hier tritt man sich nicht gegenseitig auf den Füßen rum.
Karte, Spezialführer, Anreise: → siehe **La Ruinette**

Tourenkarte: → siehe **La Ruinette**

Ein gewaltiger Trümmerhaufen ist das schon, aber großartige Hochgebirgswelt zugleich. Der Bau des Staudammes hat den Berg als Tagestour möglich gemacht. Erstmals bestiegen wurde er 1867 durch J. Isler mit Justin Fellay und F. Gaba über den Nordnordostgrat.

Vom Ostende der Staumauer nach Süden durch drei Tunnel und danach links auf dem Zickzacksteig nördlich der Wasserfälle des Glacier du Gietro steil hinauf zum P. 2342. Weiter über steile Grashänge mit Schutt und Platten am SW-Grat, Steilstufen rechts auf Schutt umgehend, zum Gipfel.

Aussicht: Im Südwesten der Grand Combin, im Südosten La Ruinette

46 La Singla, 3714 m (452 mPr)

Der herbe Felskamm über dem Glacier d'Otemma

AD- III- !

7 Std.

1750 mH

Schwierigkeiten: Insgesamt **AD-**, mit Kletterstellen III-
Mühen: Biwakzustieg 1150 mH (5 Std.), Gipfelaufstieg 600 mH (3:30 Std.)
Gefahren: Die Spaltenzone kurz unter dem Biwak ist tückisch.
Freuden: Mit Gedränge muss man nicht rechnen.
Karte: LKS 1: 50 000, Blatt 283 Arolla, oder 1:25 000, Blatt 1347 Matterhorn und 1346 Chanrion
Spezialführer, Anreise, Aufstieg zur Cabane: → siehe **L'Evêque**

Tourenkarte: → siehe **L'Evêque**

Der schroffe Gratgipfel im Grenzkamm südwestlich der Evêque ist ein herbes Ziel. Erstmals erstiegen wurde er am 22. Juli 1867 über die Westflanke durch Carl Schroeder mit Séraphin Bessard. Diese Route ist zwar weniger schwierig, aber deutlich riskanter als die über den linken Teil der Westflanke und den Nordostgrat, die am 8. Juli 1867 durch Fritz Hoffmann-Merian mit Benjamin und Justin Fellay bereits bis 100 m unter den Gipfel begangen wurde. An diesem Tag vereitelte zwar Schlechtwetter den Erfolg; aber diese weniger unsichere Route hat sich trotz etwas höherer Schwierigkeit als Normalweg durchgesetzt. Bei aperem Fels bietet sich mit dem Aufstieg direkt über den Westsporn eine lohnende Überschreitung an.

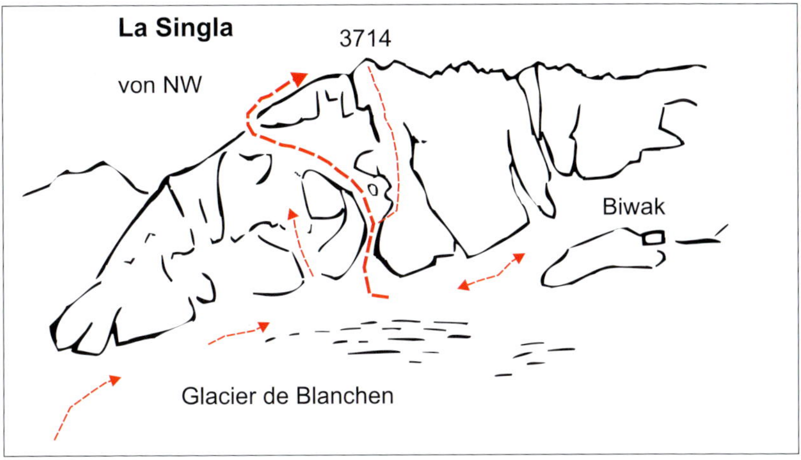

Les Bouquetins von Nord von der Aiguille de la Tsa, hinten Mitte Mont Brulé

Biwakzustieg: Von Arolla zur Cabane des Vignettes und zum Col de Charmotane siehe l'Evêque. Nun über den weiten Glacier d'Otemma nach Süden weiter zum Fuß des NW-Grates der Singla. Auf dem dahinter einmündenden Seitengletscher Glacier de Blanchen nahe dem östlichen Rand aufsteigen und an geeigneter Stelle nach Westen hinüber zur Felsinsel P. 3199. Dort liegt das *Bivouac de l'Aiguillette à la Singla* (3179 m; SAC Chasseron, 14 L, Nottelefon).

Gipfelaufstieg: Vom Biwak leicht absteigend den Glacier Blanchen queren zum Fuß des Westsporns (P. 3223). Gleich nördlich des Sporns in anfangs steilem Couloir (eventuell Eisschlaggefahr) zu weniger steilem Gelände und darauf nach links zum Nordwestgrat (hierher auch durch die Flanke links vom Couloir über gut gestufte Felsen, weniger schwierig). Am Grat über guten plattigen Fels zum Gipfel.

Aussicht: Nördlich gegenüber die Gipfel der Skyline von Arolla, im Westen entfernter Grand Combin, im Osten Dent d'Hérens

Andere lohnende Routen: Der direkte Aufstieg über den Westsporn (»Éperon de Chasseron«) nach Einstieg von links aus dem Couloir direkt zum Gipfel ist nur wenig schwieriger (AD, oben Stellen III, 2:30 Std.).

47 Mont Fort, 3330 m (409 mPr)

Der profanierte Gipfel

0

0:10 Std.

22 mH

Schwierigkeiten: Insgesamt 0 (in Worten: null, gar keine)
Mühen: Gipfelaufstieg 22 mH (0:05 Std.), oft Schlange stehen
Gefahren: Ein getöteter Drache
Freuden: Die Aussicht ist noch da, ungestört genießen lässt sie sich jedoch nur noch außerhalb der Saison.
Karte: SAC-Karte 1:50 000, Blatt 282 Martigny; 1:25 000, Blatt 1326 Rosablanche
Spezialführer, Anreise: → siehe **La Ruinette**

Dies war einmal ein für Alpinisten begehrenswerter Berg, aber er ist durch eine direkt an den höchsten Punkt geklotzte Seilbahn – gleich mit zwei Zugangsbahnen – für Bergsteiger/innen gründlich unattraktiv gemacht worden. Eine tolle Aussicht bietet er natürlich allemal. Der höchste Punkt liegt etwas nördlich vom Vermessungszeichen.

Von *La Chaux* (oberhalb Villette im Val de Bagnes) – oder von *Tortin* im Val de Nendaz – per Bahnsystem zum Col des Gentianes (2903 m) und von dort zur Gipfelstation (3308 m). Nun noch stolze 22 mH zum Gipfel.

Auf der alten Normalroute über den jetzt für Skibetrieb planierten Glacier Tortin sind Bergsteiger in der Saison »unpassend« (Brandt). Vom Col des Gentianes aus bietet sich für eilige Zapper mit Bereitschaft zum Verdrängen der Nachbarschaft technischer Anlagen die Kurztour über den schönen Westsüdwestgrat (PD, 2 Std.) zum Gipfel. Der weiter nordwestlich gelegene **Mont Gelé de Verbier** (3023 m, 219 mPr) ist im gleichen Seilbahnzirkus ebenso satt vermarktet.

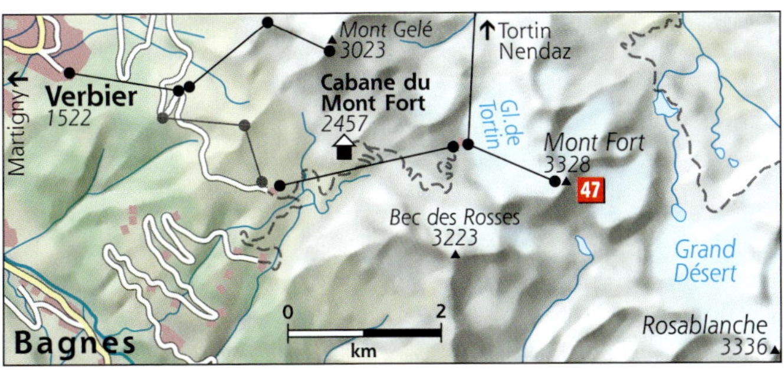

AD+	III !
❄	
🏠	10 Std.
⛰	2000 mH

Tourenkarte :
→ siehe
Les Bouquetins

48 Dent de Perroc, 3676 m (397 mPr)

Die höchsten Spitzen der Dents de Perroc

Schwierigkeiten: Insgesamt **AD**, mit Kletterstellen III
Mühen: Hüttenaufstieg 710 mH (2 Std.), Gipfelaufstieg 1050 mH (4 Std.)
Gefahren: Ein alpiner Klettergipfel
Freuden: Richtiges Hochgebirge
Karte, Spezialführer, Anreise: → siehe **Les Bouquetins**

Der spektakuläre Dent de Perroc galt früher als höchster Punkt dieses Zackengrates. Er wurde dann zugunsten des Südgipfels Pointe des Genevois (3677 m) als niedriger deklassiert, wird jedoch nach der neuesten Schweizer Landesvermessung wieder als höchster Gipfel des Bergkamms ausgewiesen. Der Aufstieg über den Westsüdwestgrat des Dent de Perroc und Übergang zur Pointe des Genevois ergeben eine schöne Überschreitung beider Gipfel.

Hüttenaufstieg: Von Arolla nach Osten hinab zur Brücke (1892 m) und von der Terrasse mit großem Block (Gedenktafel) auf dem nörd-

Dents de Perroc von Süden

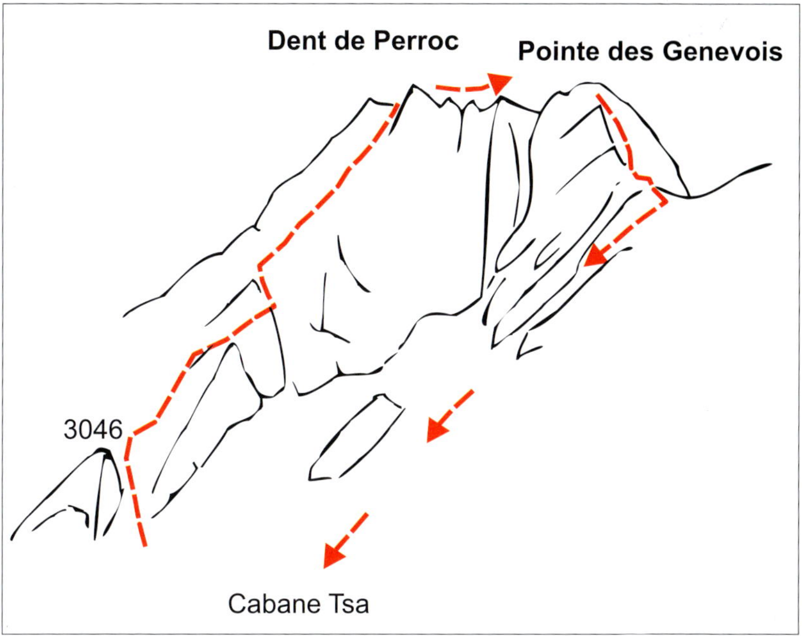

lichsten Steig in nördlicher Richtung zur *Cabane de la Tsa* (2607 m; Bergführerverein Val d'Hérens, 60 L, Juni–Sept., Tel. 0041/27/ 283 18 68)

Überschreitung Dent de Perroc – Pointe des Genevois: Einstieg durch Couloir zum P. 3046 oberhalb der ersten Grattürme des WSW-Grates. Am Grat bis auf halbe Höhe. Dort Steilaufschwung südseitig umgehen. Dann an der Kante zurück auf den Grat. Durch rötlichen, gut griffigen Kamin und den Beginn eines nach NW hinabziehenden, oft vereisten Couloirs, danach südseitig und an der Gratkante zum Gipfel des Dent de Perroc. Nach SO am zuerst scharfen Grat hinab zum Fuß des Gipfelturms, die folgenden beiden Türme südseitig umgehen zum Sattel. Die folgenden Türme am besten nordseitig umgehend zum Gipfel der Pointe des Genevois. Abstieg entlang dem Südgrat bis kurz hinter den Sattel P. 3417. Nun nach Westen in Rinne über Firn oder Schutt hinab.

Aussicht: Im Osten majestätisch die Dent Blanche

49 Mont Brulé – Mont Braoulè, 3585 m (372 mPr)

PD !

5 Std.

1750 mH

Tourenkarte: → siehe **Les Bouquetins**

Der Grenzgipfel gegenüber Dent d'Hérens und Tête de Valpelline

Nach Prominenz bleibt der Berg zwar unter 400 m, aber nach seiner Lage, der Schönheit seines Aufstiegs und seinen Panoramaqualitäten ist diese Firnkuppe ein sehr lohnendes alpines Ziel.

Von *Arolla* zuerst wie zur Cabane Bertol, dann im Talgrund auf dem unten aperen Haut Glacier d'Arolla zum *Refuge des Bouquetins* (2980 m; SAC Val de Joux, 18 L, Notfunk). Nach SW durch das Gletscherbecken in weitem Bogen bis nahe dem Fuß des P. 3294 zum Col Collon (3087 m). Nach O über Firnhang, rechts des Felskopfes La Vierge, zum Grat. An diesem (Wechten!) über den P. 3498 und den Sattel P 3424 zum Gipfel.

50 Aiguille de la Tsa, 3668 m (251 mPr)

AD- III+

4 Std.

1700 mH

Tourenkarte: → siehe **Les Bouquetins**

Die sensationelle Felsnadel über Arolla

Schwierigkeiten: Insgesamt **AD-**, mit Kletterstellen III+
Mühen: Hüttenaufstieg 1300 mH (4 Std.), Gipfelaufstieg 400 mH (2 Std.)
Gefahren: Fester Fels und insgesamt recht friedliche Gletscher machen die Risiken übersichtlich. Für Abseilstelle 40-m-Doppelseil nötig!
Freuden: Ein eindrucksvoll luftiges Finish
Karte, Spezialführer, Anreise, Hüttenaufstieg: → siehe **Les Bouquetins**

Das Schaustück von Arolla ist zwar nicht groß, aber von erheblicher Eleganz. Die gelbe Gneisnadel ist dem Grat aufgesetzt und steht in großartiger Position, obendrein mit einem wilden Panorama ausgestattet. Die erste Besteigung erfolgte durch Pierre Beytrison, Gaspard Gaspoz, Pierre Quinodoz sowie Pierre und Jean Vuignier am 21. Juli 1868.

Gipfelaufstieg: Von der Cabane de Bertol ostseitig über Firn und dann auf Schutt ansteigend unter der Pointe Bertol entlang zum Sattel zwischen dieser und dem P. 3372. Jenseits unter dem Col de la Tsa vorbei querend zum Fuß der Ostseite der Aiguille de la Tsa. Auf der Nordostseite beginnen und griffig schräg links empor. Schließlich über auffallend glatte Platte. Danach gerade hinauf durch zwei kurze Kamine, dann durch einen dritten (5 m, III+; Alternative: am SO-Grat, dann links in 5 m hoher Verschneidung). Leicht zum geräumigen Gipfel. 50

Abstieg: Nordostseitig Abseilstelle 40 m hinab in das gestufte Gelände

Aussicht: Ähnlich derer von Dent de Perroc und Pointe des Genevois

51 Pigne d'Arolla, 3796 m (249 mPr)

Das Gletscherpult über dem Talschluss von Arolla

F

❄

3 Std.

1600 mH

Von *Arolla* sieht der Pigne eindrucksvoll aus, auch wenn er im Gipfelbereich nicht so spannend ist, wie er sich gibt. Trotzdem ist er der touristisch bevorzugte Gipfel des Tales. Die erste Ersteigung erfolgte durch die Briten A.W. Moore und Horace Walker mit Jakob Anderegg am 9. Juli 1865 über die Westflanke.

Von der *Cabane des Vignettes* (siehe L'Evêque) auf dem vom Pigne herabziehenden Gletscher 200 m in Richtung SSW schräg ansteigen, dann nach W hinauf zum Sattel zwischen S-Gipfel und Hauptgipfel.

Tourenkarte:→siehe **Les Bouquetins**

Pigne d'Arolla von Nord

Französisch-schweizerische Voralpen

Im Dreieck zwischen Genfer See, Martigny und dem Tal der Arve gibt es nur wenige, aber markante Dreitausender. Die vorherrschenden Gesteine sind hier Kalke und Mergel.

52 Haute Cime – Dents du Midi, 3257 m (1796 mPr)

F I

5:30 Std.

1820 mH

Der krümelnde Kalkzahn hoch über Rhônetal und Genfer See

Schwierigkeiten: Insgesamt **F**, mit Kletterstellen I
Mühen: Zur Hütte 570 mH (1:30 Std.), Gipfelaufstieg 1250 mH (3:30 Std.)
Gefahren: Gletscherfreier Anstieg, allerdings mit teilweise alpinem brüchigen Gehgelände, auf dem man besser nicht ins Kollern gerät
Freuden: Ein Berg der Top 20 nach Prominenz in den Alpen
Karte: SAC-Karte 1:50 000, Blatt 272 St. Maurice und 282 Martigny
Spezialführer: SAC Guide des Préalpes franco-suisses

Wenn man ihn von der Autobahn Vevey–Lausanne hoch über dem Genfer See sieht, dann ist verständlich, warum dieser Berg einfach »hoher Berg« genannt wurde. Man kann ihn einfach nicht übersehen.

Anreise: Mit Bus oder Auto von Martigny (467 m) nach Nordwesten zuerst parallel zur Bahnlinie, dann links Sträßchen am Hang empor nach *Salvan* (934 m) und weiter zum Ortsteil Les Granges. Auf noch schmalerem Sträßchen in nördlicher Richtung durch enge Tunnelchen und um luftige Ecken ins Val de Van. Darin hinauf zum Ende des Sträßchens kurz hinter Zeltplatz Van d'en Haut bei großen Blöcken (1400 m).

Hüttenaufstieg: Zu Fuß breiten Ziehweg (mehrere Varianten) hinauf bis unter die Staumauer und rechts weiter zur *Auberge la Salanfe* (1950 m, privat, 141 L, Juni–Okt, Tel. 0041/27/761 14 38)

Gipfelaufstieg: Sträßchen am Nordufer des Stausees Lac Salanfe nach Westen, später Steig über Moränen, zuletzt über felsige Stufe (Steiganlage)

52

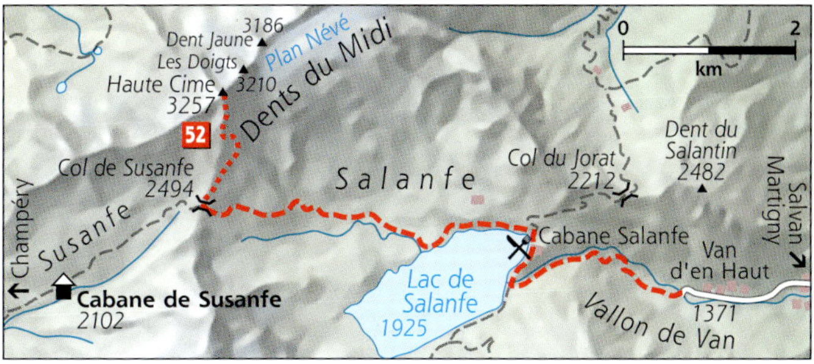

und Mergelhänge zum Col de Susanfe (2494 m). Jetzt in nördlicher Richtung den Steigspuren nach über den breiten Rücken, zuerst nach rechts empor, dann nach links über bröckelnde Stufe aus scherbigem Kalk zurück zum Südgrat. Dort Steiglein über schrofige Stufen und Lockerschutt, mühsam zu einer Schulter. Danach steil empor, am leichtesten links der Gratkante in Rinnen zum höchsten Punkt.

Aussicht: Südlich gegenüber der Tour Sallière, dahinter Mont-Blanc-Gruppe, im Südosten Grand Combin und Walliser Zentralkamm

Andere lohnende Routen: Das Col de Susanfe ist auch von Norden von Champéry her über die Cabane de Susanfe (2102 m) zu erwandern.

Haute Cime vom Col de Susanfe

F

6 Std.

1750 mH

53 Le Buet, 3099 m (615 mPr)

Der Hatsch-Dreitausender westlich vom Col des Montets

Schwierigkeiten: Insgesamt **F**, alpiner Steig
Mühen: Hüttenaufstieg 600 mH (2 Std.), Gipfelaufstieg 1150 mH (3:30 Std.)
Gefahren: Ausrüstung muss für Firnfelder geeignet sein.
Freuden: Dreitausender mit einem Weg für alle, die es zahm mögen
Karte: SAC-Karte 1:25 000, Blatt 1324 Barberine; 1:50 000, Blatt 282 Martigny
Spezialführer: → siehe **Haute Cime – Dents du Midi**

Dies ist der markanteste Gipfel im Bergkamm, der vom Tour Sallière nach Südwesten zieht. Die erste bekannte Besteigung erfolgte 1770 durch die Brüder Deluc von Westen und Süden.

Anreise: Von Martigny über den Forclaz oder von Chamonix her über das Col des Montets nach *Le Couteray* (1329 m, westlich der Grenze F/CH)

Hüttenaufstieg: Nach W Steig im Tal des Eau de Berard zum *Refuge de Pierre à Berard* (1924 m, privat, 40 L, Juni–Sept., Tel. 0033/450/54 63 45)

Gipfelaufstieg: Den breiten Steig nach Westen, über den Bach, später nach NW bis etwa 50 mH unter das Col de Salenton. Nun rechts, nordwärts, auf der Ostseite unter den Felsen der Aiguille de Salenton im Schutt queren. Danach oft mit Firn nach links hinauf zum Grat.

Unter einer krümelnden Felsstufe dem Steig nach rechts folgen, bei Rinne hinauf und über die steilen Hänge, zuletzt an Schutzhüttchen vorbei zum Gipfel.

Aussicht: Im Süden Mont Blanc und Aiguille Verte

54 Tour Sallière, 3219 m (725 mPr)

Die Pyramide gegenüber den Dents du Midi

F+ II !

7 Std.

1300 mH

Schwierigkeiten: Insgesamt **F+**, mit Kletterstellen II
Mühen: Gipfelaufstieg 1300 mH (4:30 Std.)
Gefahren: Einsamer alpiner Hatscher mit Firnfeldern und zuletzt etwas brüchiger Kletterei
Freuden: Ein Berg ohne Trubel
Karte, Spezialführer: → siehe **Haute Cime – Dents du Midi**

Der von Norden ansehnliche Felsberg ist am leichtesten – recht weitläufig – von Süden zu ersteigen. Von einer Hütte aus und interessanter, wenn auch etwas schwieriger, ist er von Norden.

Anreise: Zum schweizerischen Grenzort (F/CH) *Le Châtelard* (1094 m). Sträßchen über Finhaut hinauf zum Lac d'Emosson (1965 m).

Gipfelaufstieg: Noch vor dem Staudamm abzweigend in nördlicher Richtung gesperrtes Sträßchen (auch Tunnel) oberhalb vom See entlang, zuletzt auf sich verlierenden Steigspuren im Tal weiter im Bogen nach NO, dann nordwärts neben Bächen hinauf zu Rundhöckergelände (La Chaud Derrière) und nach NO zu den Resten des Gletscherchens unter der Gipfelwand. Links davon über felsige Stufe, dann auf den spaltenlosen Gletscher. Auf diesem ganz hinaufsteigen zur Schulter P. 3011 und von dort den ganzen oberen Südostgrat in kurzen Kaminen (II) überklettern.

Aussicht: Zur Mont-Blanc-Gruppe besser als von Haute Cime

Andere lohnende Routen: Von der Cabane de Salanfe (→ Dents du Midi) über die NW-Seite mit Gletscher zum Col de la Tour Sallière und über den N-Grat (PD, II, Steilstufen westseitig umgehen – oder nach Querung unter der südseitigen Gipfelwand wie oben beschrieben).

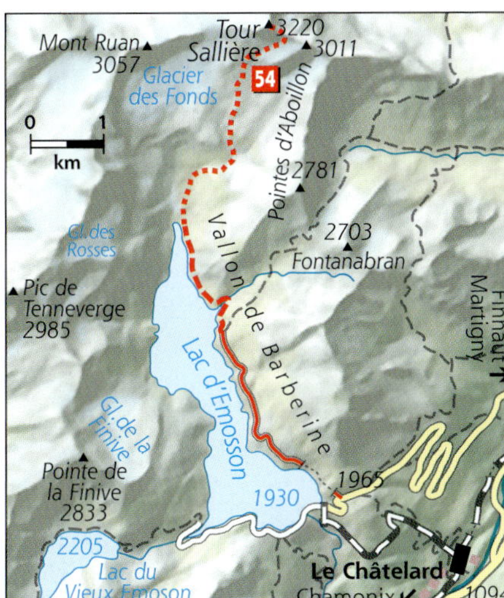

MONT BLANC

Diese gar nicht so große Gebirgsgruppe besteht überwiegend aus großblockigen Graniten mit schroffen Bergformen. Neben den dominierenden Viertausendern gibt es hier nur wenige Dreitausender mit großer Prominenz, dafür jedoch eine ganze Reihe, die ihrer Gestalt wegen trotzdem zu den begehrtesten und exklusivsten Gipfeln der Alpen zählen. Für die ernsthaften Routen ist wichtig zu wissen, dass im Maison de Haute Montagne am Place de l'Eglise in Chamonix nicht nur optimale Wetterberichte, sondern auch detaillierte Beratung und aktuelle Informationen über die Verhältnisse am Berg eingeholt werden können.

Östliche Mont-Blanc-Gruppe

Dazu gehören die Berge östlich des Leschaux-Gletschers, also das Massiv der Aiguille Verte, das der Grandes Jorasses und die Berge um den Argentière-Kessel und das Trient-Plateau.

Sturmwolken über der Aiguille Verte und der Aiguille du Chardonnet, rechts die Drus

55 Aiguille du Chardonnet, 3824 m (492 mPr)

Der große Felsberg über Argentière

AD III !

40°

10 Std.

2350 mH

Schwierigkeiten: Insgesamt **AD**, mit Kletterstellen III und Eis bis 40°
Mühen: Hüttenaufstieg 1200 mH (3 Std.), Gipfelaufstieg 1150 mH (6 Std.)
Gefahren: Ein sehr anspruchsvoller Gipfel, der in jeder Hinsicht ernst zu nehmen ist – bezüglich Gletscher ebenso wie Felskletterei und Eis betreffend

Freuden: Ein Gipfel, mit dessen Besteigung man sich eine Trophäe holt!
Karte: ign-Karte 1:25 000, Blatt 3630 Ouest Chamonix – Mont Blanc
Spezialführer: Eberlein, GF Mont-Blanc-Gruppe, Bergverlag Rother; Devies et Henry, Guide Vallot, La Chaîne du Mont Blanc III, Arthaud

Dies ist eine der eindrucksvollsten Berggestalten des Gebietes, die ohne die Pracht der gegenüber gelegenen Aiguille Verte noch mehr gewürdigt werden würde. Von Westen gesehen erscheint dieser Berg als gewaltige Felspyramide, von Norden dagegen als eine breite, nach Westen hin ansteigende, vereiste Mauer mit einem langen, turmbesetzten Grat. Auch die leichtesten Routen auf diesen stolzen Berg sind in jeder Beziehung anspruchsvoll. Die erste Besteigung gelang R. Fowler mit Michel Balmat und Michel A. Ducroz am 20. September 1865 auf einer ähnlichen Linie wie der heutigen Normalroute. Der zu den großen klassischen Graten der Alpen zählende Ostgrat (»Arête Forbes«) wurde erstmals durch L. H. und T. Aubert mit M. Crettez am 30. Juli 1899 überschritten.

Anreise: Mit Bahn, Bus oder Auto von Chamonix das Tal hinauf (oder von Martigny über Forclaz und Col des Montets) nach *Argentière* und nach Nordosten auf Nebensträßchen hinauf nach *Le Tour* (1453 m)

Hüttenaufstieg: In östlicher Richtung Steig hinauf zur orografisch rechten, nördlichen Seitenmoräne des Glacier du Tour und auf ih-

Am »table« des Arête du Table auf die Aiguille du Tour, hinten von links Aiguille d'Argentière, Aiguille du Chardonnet, Aiguille Verte

rem Rücken zum *Refuge Albert I.* (2706 m; CAF Paris, 153 L, Tel. 0033/450/54 06 20 und 0033/450/54 13 36). Hierher auch von der Bergstation des Sessellifts zum Col de Balme in 1:30 Std. (500 mH).

Gipfelaufstieg: Von der Hütte zunächst nahe dem nördlichen Rand des Gletschers aufsteigen, dann oberhalb vom P. 2883 (Signal Reilly) nach Südosten in Richtung Fenêtre du Tour. Unterhalb der Felsinsel P. 3228 den Glacier de l'Épaule betreten und je nach aktueller Spaltenlage steil hinauf zum Col superieure bzw. Col Reilly (3365 m, bis hier 2 Std.; hierher auch von der Cabane du Trient über Col du Tour in 1:30 Std. oder von Cabane du Saleina über Fenêtre du Tour in 3:30 Std.).

Über oft schwierige Bergschründe und sonstige Spalten zum links (östl.) der Aiguille Reilly gelegenen Col superieure A. Reilly. Über Firngrat zur Schulter (P. 3587). Über steilen Firnhang zu den Felsen. Diese rechts umgehen. Dann an Felsrippen bei einem schmalen Eiscouloir zu weniger steilem Gelände. Über Schrofen und Firn zum Vorgipfel und an Fels- oder Firngrat zum höchsten Punkt.

Aussicht: Im Südwesten gegenüber die Viertausender Aiguille Verte mit dem 1100 m hohen Couloir Couturier und Droites mit ihrer extrem schwierigen Nordostwand.

Andere lohnende Routen: Arête Forbes (AD, III und Eis bis 53°, grandios, im Aufstieg fast noch öfter begangen als der Normalweg, aber spät in der Saison bei stärkerer Ausaperung zunehmend giftig).

56 Aiguille d'Argentière, 3901 m (468 mPr)

Der große Granitberg mit den fünf Gletschern

PD+ II!

50°

8 Std.

2050 mH

Schwierigkeiten: Insgesamt **PD+**, teils steil auf Firn/Eis
Mühen: Hüttenaufstieg ab Croix de Lognan 850 mH (3:30 Std.; ab Argentière 5 Std.), Gipfelaufstieg 1200 mH (5 Std.)
Gefahren: Ein spaltenreicher Gletscher! Bei Neuschnee und relativ hohen Temperaturen sind im oberen Teil der Südwestflanke auch im Sommer Lawinen möglich.
Freuden: Ein wilder Berg
Karte, Führer, Anreise: → siehe **Aiguille du Chardonnet**

Ebenso wie der nördliche Nachbarberg Aiguille du Chardonnet besitzt auch die noch höhere, zu den 21 höchsten Dreitausendern der Alpen zählende Aiguille d'Argentière einen der besonders anspruchsvollen Normalwege großer Alpengipfel.
Weil der Weg der Erstbesteiger – Adam Reilly und Edward Whymper mit Michel Croz, Michel Payot und Henri Charlet am 15. Juli 1864 – nur unwesentlich länger und kaum schwieriger ist als die leichteste Route, wird der Berg sehr häufig überschritten. Deshalb werden hier beide Aufstiege beschrieben.
Die erste Begehung der damals noch mit großen Eisbalkonen bestückten Nordwand durch J. Lagarde und H. de Segogne am 2. August 1926 war für ihre Zeit und mit der damaligen Ausrüstung eine herausragende Leistung. Der großartige, mit gewaltigen Türmen ausgestattete Südwestgrat (»Arête du Jardin«) wurde erstmals am 27. August 1942 durch M. A. Azéma mit dem brillanten Führer Armand Charlet überklettert.

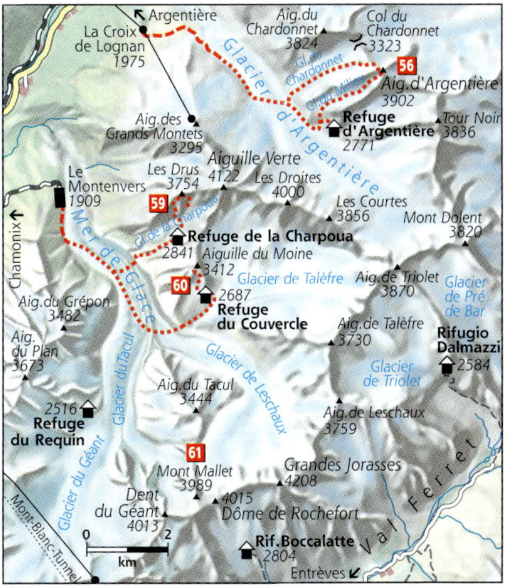

Hüttenaufstieg: Von Argentière (1244 m) üblicherweise mit dem ersten Abschnitt der Seilbahn Grands Montets zur Mittelstation La Croix

56

de Lognan (1973 m). Steig in östlicher Richtung zum Glacier d'Argentière und über dessen orografisch linke, südliche Seitenmoräne bis 2250 m.

Nun auf dem Gletscher nahe seinem Rand weiter, vor dem wilden Eisbruch wieder auf die Moräne. Dort auf teils versichertem Steig weiter und erst oberhalb des Bruches wieder auf den Gletscher. Nun diesen nach Südosten überqueren und zuletzt über Moränensteig hinauf zum unkonventionell gestalteten, aber durchaus gut in den großartigen Argentière-Kessel eingepassten Kasten des *Refuge d'Argentière* (2771 m; CAF Paris–Chamonix, 120 L, Juni–Sept., Tel. 0033/450/54 62 51).

Gipfelaufstieg über die Südwestflanke (auch üblicher Abstiegsweg): Von der Hütte nordwärts über die Moräne und auf den

Aiguille d'Argentière, von Westen von der Petite Aiguille Verte

56

Glacier du Milieu. Diesen links haltend hinauf in Richtung des markanten Felsturms P. 3306. Nahe den Felsen weiter aufsteigen zu flacherem Gelände. Nun in der Mitte des Gletschers zum Bergschrund. Die nun steile Firnflanke (bis 50°) links von Felssporn hinauf und rechts über Grat zum Gipfel.

Gipfelaufstieg über Westflanke und Nordwestgrat (Erstbegeher): Von der Hütte auf dem Glacier d'Argentière absteigen bis unterhalb vom Glacier du Chardonnet, der zwischen Aiguille du Chardonnet und Aiguille d'Argentière herabzieht. Nahe dem orografisch linken Ufer spaltenreich aufsteigen. Oben rechts des den oberen Teil des Gletschers teilenden Felssporns den südlichen Gletscherarm ganz hinauf. Nach Überschreitung der Bergschründe zuletzt durch zwei Couloirs (40° steil) zur Schulter des Nordwestgrates (wo sich der Blick zur Saleina-Seite öffnet). Nach einem kurzen Firngrat am westlichen Rand der Nordwand (50°) oder die rechts befindlichen steilen Felsen empor. Danach am Grat (eventuell Wechten!) über den NW-Gipfel zum höchsten Punkt.

Aussicht: Umwerfend die Parade der im Halbrund gegenüber aufragenden hochkarätigen Eiswände von Aiguille de Triolet, Les Courtes, Les Droites und Aiguille Verte

Andere lohnende Routen: Nordwand (D, bis 55°, 600 mH, 3–6 Std.), Arête du Jardin (D, Fels bis IV+, 900 mH bei 1500 m Gratlänge, 9 Std.)

57 Mont Dolent, 3823 m (390 mPr)

Der Dreiländerberg der Mont-Blanc-Gruppe

PD II!
40°
7 Std.
2100 mH

Schwierigkeiten: Insgesamt **PD**, mit Kletterstellen II
Mühen: Biwakzustieg 1000 mH (3 Std.), Gipfelaufstieg 1100 mH (4 Std.)
Gefahren: Weitläufige Gletschertour. Zum Spätsommer hin kann der Bergschrund unerfreulich weit gähnen.
Freuden: Vom oberen Val Ferret aus gesehen ist es der große Berg, der uns entgegenlacht.
Karte, Führer: → siehe **Aiguille du Chardonnet**

Der nach wie vor allseits eisgepanzerte Mont Dolent beherrscht den Talschluss sowohl des schweizerischen wie des italienischen Val Ferret. Er wurde knapp eine Woche vor der Erstbesteigung der

57

Aiguille d'Argentière von der gleichen Seilschaft A. Reilly und E. Whymper mit M. Croz, M. Payot und H. Charlet am 9. Juli 1864 erstmals bestiegen, wobei für den Ortswechsel damals natürlich noch etwas mehr Fußgängerarbeit zu leisten war, als wir sie heute abverlangt bekommen. Der großzügige kombinierte Ostgrat gelang 1901 der Seilschaft J. Gallet, A. Müller und J. Balleys. Seine Lage an einem Dreiländereck inspirierte die für die Erhaltung ursprünglicher Gebirgswildnis engagierten Gruppen von »Mountain Wilderness«, hier mit einer symbolischen Aktion für die Einrichtung eines hochrangigen internationalen Schutzgebietes im Mont-Blanc-Gebiet zu demonstrieren. Die eindrucksvolle Aktion fand am 1. August 1993 statt, bei der 60 Teilnehmer verschiedener Nationen den gar nicht so einfachen Berg von den drei Anliegerstaaten aus bestiegen und sich am Gipfel trafen.

Anreise: Mit Bus und Auto von *Courmayeur* über Entrèves durch das italienische Val Ferret hinauf bis zum Restaurant Arnuva (1770 m).

Hüttenaufstieg: Von Arnuva im Tal weiter zur Alm Pré Bar (2062 m) und nordwärts kleinen Steig bis etwa 200 mH unter das Petit Col Ferret (nicht verwechseln mit dem weiter südöstlich gelegenen Grand Col Ferret, über das die populäre Tour du Mont Blanc führt!). Nun links auf einem zuerst markierten Steig einen Moränenhang queren zum Fuß des langen Südgrates der felsigen Punta Allobrogia. Um diesen herum und nun nach NW zum *Bivacco Fiorio* (2724 m; CAAI, 20 L).

Gipfelaufstieg (Südflanke): Auf dem Glacier de Pré Bar in nördlicher Richtung hinauf, rechts an der Felsinsel P. 3188 vorbei und über den östlichen Gletscherarm bis vor den Gipfelaufbau. Nun nach Überwindung des oft schwierigen Bergschrundes je nach

57

Verhältnissen neben einer der beiden durch ein Couloir geteilten Felsinseln hinauf zum Südostgrat.

Aussicht: Großartiger Blick in den Argentière-Kessel

Andere lohnende Routen: Ostgrat (Gallet-Grat; AD, 4–5 Std. ab Biwak)

58 Aiguille du Tour, 3544 m (262 mPr)

Das Akklimatisationsgipfelchen über dem Plateau du Trient

F II !

5:30 Std.

1950 mH

Schwierigkeiten: **F+**, mit Kletterstellen II
Mühen: Hüttenaufstieg 1200 mH (3 Std.), Gipfelaufstieg 750 mH (3:30 Std.)
Gefahren: Recht übersichtlich. Auch ist das Gebirge hier meist bevölkert genug, um notfalls Hilfestellung bekommen zu können – oder Staus.
Freuden: Ein landschaftlich großartiger Happen Haute Montagne
Karte, Führer, Anreise, Hütte: → siehe **Aiguille du Chardonnet**

Tourenkarte: → siehe **Aiguille du Chardonnet**

Dies ist eine hübsche Akklimatisationstour mit nur moderaten Risiken, aber großartigen Ausblicken. Der höchste Punkt wurde erst 1875 durch G. und E. Beraneck und E. Javelle erreicht. Den langen Zustieg samt einer Dreiviertel-Umrundung des Berges spart man sich einmal, wenn man den Südgipfel durch das Couloir du Table und über den oberen Teil des sehr hübschen Arête du Table erreicht. Seine Schlüsselstelle bildet die Umkletterung des originellen »Table«, eines horizontal auf luftigen Gratzacken liegenden Riesenblocks.

Gipfelaufstieg Normalweg: Zunächst wie zur Aiguille du Chardonnet bis oberhalb vom Signal Reilly (P. 2883). Nun unter dem Berg vorbei nach SO zum Col du Tour (2882 m). Nach seiner Überschreitung ostseitig unter den Felsen entlang und nach der Umrundung der schroffen Aiguille Purtscheller hinauf in die Scharte zwischen Südgipfel und Nordgipfel (3493 m). In der Mitte der Flanke (II) hinauf zum höheren Nordgipfel.

Couloir und Arête du Table (AD): Oberhalb vom Signal Reilly durch das Couloir du Table (bis 50°) zum Table, daran an Riss vorbei (III; Fleißaufgabe: Erkletterung des Table, IV) und Grat zum Südgipfel (3542 m). Hinab in die Scharte und zum höheren Nordgipfel. 4 Std. ab Hütte.

PD+ III

6 Std.

1410 mH

59 Aiguille du Moine, 3412 m (214 mPr)

Der Klettergipfel über dem Refuge du Couvercle

Schwierigkeiten: Insgesamt **PD+**, mit Kletterstellen III
Mühen: Zur Hütte 880 mH (3:30 Std.), Gipfelaufstieg 530 mH (3 Std.)
Gefahren: Unerwartete Schwierigkeiten wegen Verhauern, also am besten den jeweils überzeugendsten Steinmännchen und den intensivsten Begehungsspuren folgen
Freuden: Kletterei in Idealgranit
Karte, Spezialführer: → siehe **Aiguille du Chardonnet**

Tourenkarte: → siehe **Aiguille d'Argentière**

Ansehnlich schnittiger und beliebter Berg am Fuß der jähen Drus, die der Moine natürlich die Schau stehlen. Erste Gipfelbesteigung E. L. Lloyd und I. Straton mit J. E. Charlet und J. Simond 1871.

Anreise: Mit Bahn und Bus oder Auto nach *Chamonix* (1040 m). Altehrwürdige Zahnradbahn nach Montenvers (1900 m)

Hüttenaufstieg: Von Montenvers 1 km Steig taleinwärts, dann Leitern und Treppen hinab auf das Eis des Mer de Glace. Den Markierungstonnen nach aufsteigen bis zur Einmündung des Glacier de Leschaux. Hier links (nach NO) abzweigen, Steig mit Leitern steil hinauf über Gletscherschliffe zum neben der unter einer schrägen Steinplatte gekuschelten historischen Unterkunft deutlich größer dimensionierten *Refuge du Couvercle* (2687 m; CAF Paris–Chamonix, 128 L, Juni–Sept., Tel. 0033/450/47 23 99).

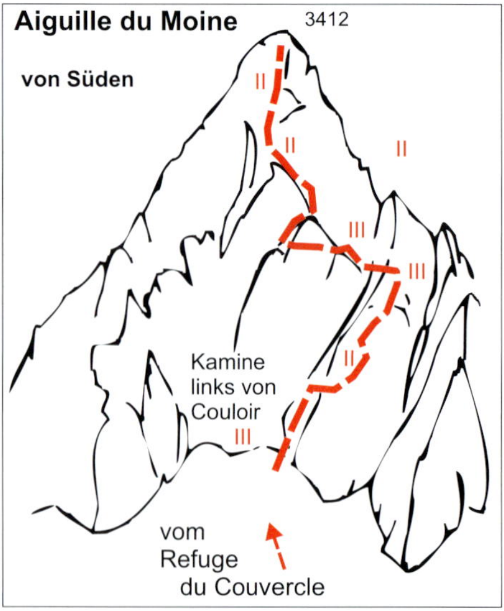

Gipfelaufstieg: Von der Hütte nach NW auf den Glacier du Moine. Steil hinauf (35°) zu rechts der Gipfelfalllinie fußender Felsrinne. Kurz hinauf und rechts zu Plattform. Durch zwei Kamine, dann auf Pfad über grasiges Gelände. Kurzer Kamin (III) und rechts haltend weiter. Über Wandl mit runden Griffen und zwei Verschneidungen (III) zum Absatz. Auf Band nach

links eine Rinne ansteigend queren. Rampe mit Rissen zu Plattform. Nun rechts auf lange Felsrippe. An dieser zuerst rechts, später links empor. Plattenrisse zu breitem Band. Auf diesem links zu Couloir. Darin gestuft, dann durch kurzen Kamin zum Südwestgrat. Bald zum Gipfel.

Aiguille du Moine von den Drus, hinten Grandes Jorasses

Aussicht: Drus und Verte einschüchternd höher und schroffer!

Andere lohnende Routen: Berühmt der Südwestgrat (AD, IV)

D	IV !
❄	
🏠	10–15 Std.
⛰	2100 mH

60 Grand Dru, 3754 m (198 mPr)

Die Pfeilspitze über dem Mer de Glace

Schwierigkeiten: Insgesamt **D**, mit zahlreichen ruppigen Kletterstellen IV+ und IV. Eingebettet in jede Menge gleichfalls ernsthaftes Gelände III und II und wegen der Höhe allemal für Überraschungen aller Art gut.
Mühen: Hüttenaufstieg 1000 mH (3 Std.), Gipfelaufstieg 1100 mH (9 Std.)
Gefahren: Alle hochalpinen. Eine Route, die unbedingt apere Verhältnisse und sicheres Wetter verlangt. Helm! Unbedingt Doppelseil benutzen, weil beim Abstieg oder Rückzug nur mit Doppelseil Chance auf genügend Aktionsradius für sicheres Abseilen besteht.
Freuden: Wohl zusammen mit dem auf die Meije der schwierigste Normalweg auf einen der wesentlichen Dreitausender der Alpen. Und eine der großen klassischen Routen der Alpen überhaupt. Wer vor der Besteigung alpine Literatur dazu studiert, hat mehr davon!
Karte, Spezialführer, Anreise, Beginn Zugang: → siehe **Aiguille du Moine**

Am Normalweg auf den Petit Dru

Eleganter Doppelgipfel aus bestem Granit, mit jähen Platten und Verschneidungen, griffarmen Rissen, kompakten Überhängen, und in einer Höhenlage, wo die dünne Luft schon schnaufen lässt und wo Wetterstürze mit Sturm, Hagel, Gewitter, Eisglasuren und Lawinen im Nu alle Höllen der Welt entfesseln können. Dies ist einer der legendenumwobenen Symbolberge der Alpen. Hier wurde mehrfach Alpingeschichte geschrieben. Und mit der Wiederholung von solchen großen klassischen Routen lässt sich – wenn wir davon wissen – auch heute etwas davon nacherleben.

Der faszinierende Felsbau der Drus – mit Grand Dru und Petit Dru – ragt in dem riesigen, von der Aiguille Verte nach Südwesten ziehenden und bizarr zerhackten Gratkamm auf, hoch über dem Mer de Glace. Dass er keine höhere Prominenz besitzt, wird durch die Schwierigkeit und Wildheit des Verbindungsgrates zur Verte und der Umgebung voll kompensiert. An dem lange als unnahbar eingeschätzten Berg unternahm C. H. Dent im Laufe von fünf Jahren nicht weniger als 17 vergebliche Versuche, ehe er zusammen mit J. W. Hartley mit dem meisterlichen Führer Alexander Burgener und K. Maurer am 12. September 1878 erfolgreich auf dem Gipfel des Grand Dru

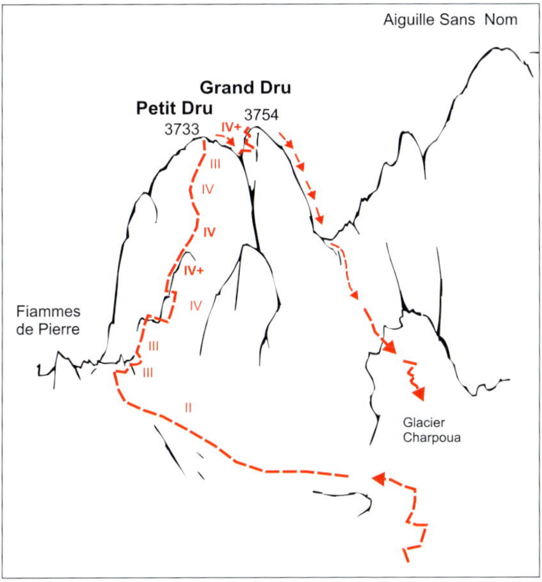

stand. Die erste Besteigung des noch schwierigeren Petit Dru gelang den Bergführern J. E. Charlet-Straton, P. Payot und F. Follignet am 29. August 1879, die erste Überschreitung vom Petit Dru zum Grand Dru erst 1903 E. Fontaine mit J. und J. Ravanel. Als eine der großen klassischen Extremrouten wurde die Nordwand dann am 1. August 1935 durch Pierre Allain und R. Leininger erstmals durchstiegen. Nachdem André Contamine und M. Bastien am 30. Juni 1952 in einem Tage in bestem klassischen Stil mit nur wenigen Hilfsmitteln den Südpfeiler eröffnet hatten, gelang L. Bernardini, A. Dagory, M. Laine und dem Spiritus Rector Guido Magnone im Juli 1952 die erste Begehung der 1100 m hohen Westwand – nach wochenlanger Belagerung mit bis dahin unbekanntem Materialaufwand. Dagegen gelang dem Italiener Walter Bonatti die erste Begehung des 800 m hohen Südwestpfeilers vom 17.–21. August 1955 als eine der unglaublichsten alpinen Taten in einem Zug und im Alleingang.

Die starke Ausaperung hat inzwischen die Situation an den Drus deutlich verändert. Der ursprünglich als AD bewertete Normalweg auf den Grand Dru ist durch den Gletscherrückgang deutlich schwieriger geworden, sodass inzwischen die Durchsteigung der Südwestseite des Petit Dru (D) und die Überschreitung zum Grand Dru (D) mit anschließendem Abseilen über den alten Normalweg zur Normalroute geworden ist.

Eine noch eindrücklichere Veränderung erfuhr der Berg 1997 durch einen riesigen Bergsturz in der Westwand, der die alte

60

Westwandroute und den Bonattipfeiler erst einmal ungenießbar machte.

Hüttenaufstieg: Zuerst wie zur Aiguille du Moine auf das Mer de Glace. Etwa 1 km auf dem Eis nach SO zur Einmündung des Baches vom Charpouagletscher. Südlich davon heikel über die Moräne hinauf (Kette), dann Steig (teils Fixseile) zum auf einem Felssporn gelegenen *Refuge de la Charpoua* (2841 m; 12 L, Juni–Sept.).

Gipfelaufstieg: Auf dem zerrissenen Gletscher aufsteigen, bis man links eine Felszunge am Fuß des steilen Südpfeilers erreichen kann. Auf geneigten Platten und Bändern queren und im linken (westlichen) von zwei geneigten plattigen Couloirs hinauf zur Scharte zwischen den vorgelagerten Fiammes de Pierre und dem Berg (2 Std., Biwakplätze). Am Grat um den schroffen P. 3361 (über eine Scharte seines SO-Grates und danach absteigend) herum und an weiterem Grat zur Schulter. 30 m nach rechts (O) queren, in Kaminrinne hinauf und gestuft zu einem tiefen Kamin mit Klemmblöcken. Darin ruppig hinauf (IV) zu Band. Dieses nach rechts zu Felscouloir. Darin ganz hinauf zu Absatz (hier verliert sich der SW-Grat). Durch zwei senkrechte Kamine von je 60 m zu ebener Plattform. Gerade über hohen Block mit Haken und weitere Blöcke zu steiler Plattenwand. Risse und Verschneidungen nach links hinauf (IV) zu Band. Dieses links zu Couloir, das nach Norden abbricht. Hier beginnen zwei Kamine. Im linken (IV) hinauf und über Schutt zurück zur Südseite. Zwei Stufen gerade, eine dritte nach rechts (Haken) erklettern. Dann rechts zu Couloir. Darin zum Gipfel des **Petit Dru** (3733 m).

Am Petit Drus Normalweg, hinten Aiguilles de Chamonix und Mont Blanc

Leicht, aber luftig hinab zur Scharte (3697 m) vor dem Grand Dru. Nun das »Z«: einen 6 m hohen Risskamin hinauf. Schräg rechts über zwei meterhohe Stufen zu 30 cm breitem Band. Dieses 10 m nach rechts. 2 m vor engem Riss über 3 m hohe Platte, dann schrägen Riss nach links und an einem horizontalen Riss links zur Grat-

60

kante (25 m oberhalb der Scharte). Senkrecht (IV) zu gutem Stand bei Block. An Rissen und Rillen (IV) 9 m schräg rechts bis unter auffallenden großen Überhang. Darunter durch kriechend (IV) nach links zur Gratkante (Ende des »Z«). Links der Kante zu Stand in der Nordwand. Senkrechte Risse und gebogenen Kamin (IV) zu Plattform mit Abseilstelle. Grat zum Gipfel des **Grand Dru** (3754 m).

Abstieg: Am Ostgrat des Grand Dru hinab, bis er steil in Richtung Col du Dru abbricht. Nun in der Südostseite steil absteigen zum 30-m-Kamin. Diesen und die folgenden Kamine hinab abseilen. Vom Band in das steile Felscouloir abseilen. Der Firn oberhalb des Bergschrundes wird gleichfalls durch Abseilen über große Platten erreicht.

Aussicht: Mit den Nahblicken auf die Zackengrate der Aiguille Verte und ihre eisigen Flanken einer der bizarrsten Orte der gesamten Alpen. Wenn man in die Ferne schaut, dann bieten der eisige Mont Blanc und die Felszacken der Aiguilles de Chamonix ein Bild wilder Kontraste.

Andere lohnende Routen: Vorhanden, wenn man/frau die schafft

61 Mont Mallet, 3989 m (80 mPr)

Der Mitnahmegipfel der Aiguille de Rochefort

AD IV

8 Std.

800 mH

Reichlich hoch liegt er, der schroffe Felsturm. Und wenn man schließlich auf seinem Gipfel über den beachtlichen Nordabstürzen sitzt, dann hat das schon was. Aber so keck er anzusehen ist, so bleibt er doch ein Mitnahmegipfel bei der Überschreitung der Aiguille de Rochefort, die im 4000er-Führer der Normalwege nachzulesen ist. Hier nur die Route für den Gipfelaufbau:

Von der Aiguille de Rochefort steigt man hinab in den Sattel vor dem Mont Mallet. Der leichteste Aufstieg findet sich rechts nahe der Ostkante, wo gewöhnlich mit menschlichem Steigbaum geschummelt wird. Klettert man alles richtig frei, so geht es weiter links hinauf (IV). Zusätzlicher Aufwand einschließlich Wiederaufstieg zur Aiguille de Rochefort: 45 Min.

Zentrale Mont-Blanc-Gruppe (Mont-Blanc-Massiv)

Dies ist die unmittelbare Umgebung des höchsten Berges der Alpen, der diesen Bereich völlig beherrscht. Trotzdem gibt es auch hier einige auffällige Dreitausender.

62 Aiguille Noire de Peuterey, 3772 m (343 mPr)

PD III **!**

11 Std.

1800 mH

Der gewaltige Felszahn über dem Val Veni

Schwierigkeiten: Insgesamt **PD**, mit Kletterstellen III, weithin II und I
Mühen: Hüttenaufstieg 800 mH (2:30 Std.), Gipfelaufstieg 1000 mH (6 Std.)
Gefahren: Ein weitläufiger, unübersichtlicher Berg mit allerlei Gelegenheit müde zu werden, sich mit Steinen zu behelligen und sich zu verlaufen
Freuden: Einen der sprödesten Berge der Alpen zu besteigen
Karte: ign-Karte 1:25 000, Blatt 3531 est St-Gervais-les-Bains
Spezialführer: Eberlein, GF Mont-Blanc-Gruppe, Bergverlag Rother; Vallot, Devies, Henry et al., Mont Blanc I, Arthaud; CAI Chabot-Grivel-Saglio, Monte Bianco I

Die ungeheure dunkle Felsnadel wurde erstmals durch Lord Wentworth, Emile Rey und J. B. Bich am 5. August 1877 bestiegen. Der heutige Normalweg über den Ostgrat war die Aufstiegsroute von E. Allegra, L. Mussilon und H. Brocherel 1902. Die 50 Seillängen Kletterei umfassende Route über den von gewaltigen Felstürmen geprägten Südgrat gelang 1930 K. Brendel und H. Schaller, die 650 m hohe teils senkrechte und überhängende Westwand V. Ratti und G. Vitali vom 18. bis zum 20. August 1939.
Anreise: Mit Bus oder Auto vom Aostatal oder von Chamonix durch den Mont-Blanc-Tunnel nach *Courmayeur* (1200 m). Auf der alten Straße bis 1 km südlich vor Entrèves und auf Sträßchen hinauf ins Val Veni und zur Peuterey-Alm (1501 m, Zeltplatz).
Hüttenaufstieg: Auf markiertem Steig über felsige Karschwelle mit Kletterei (**PD**, bis II) hinauf in das Kar »Fauteuil des Allemands« und zum *Refuge-Bivouac de la Noire (Lorenzo Borelli)* (2316 m; CAAI, 30 L, im Sommer bew. Tel. 0039/11/54 60 31)

Aiguille Noire mit Westwand und Südgrat, links Aiguille Blanche

Gipfelaufstieg: Westlich vom Bach über Moräne zum Firnfeld. Nun weit nach rechts queren zum Rinnensystem, das vom Sattel zwischen dem Fuß des Ostgrates und dem Mont Noir herabzieht. Zuerst auf der orografisch linken (südlichen) Begrenzungsrippe der obersten Rinne, erst kurz vor ihrer Gabelung in diese hinein. Im linken Ast mit einer nach links ansteigenden Querung über schrofige Platten zum Fuß eines auffallend viereckigen Turmes (etwa 20 m unter der Grathöhe). Auf der Südseite etwa eine Seillänge unterhalb des Grates weiter aufsteigen und erst bei zwei dicht beieinander stehenden Gendarmen (3291 m) auf die Grathöhe. Der erste von ihnen wird rechts (O) umgangen, der zweite südseitig. Am Grat bis unter den nächsten Turm (P. 3374). Diesen ebenfalls südseitig umgehen, danach in plattigem Couloir zur Grathöhe. Daran zum Gendarm P. 3519. Diesen wiederum südseitig auf Schutt umgehen und eine Seillänge weiter westlich durch Kamin wieder zur Grathöhe. Am Grat, teils nordseitig steigend, zu senkrechtem Gendarm. Südseitig über lockere Blöcke queren und hinauf zur Gratschulter vor dem Gipfelaufbau. Schräg links hinauf zum Gipfel.

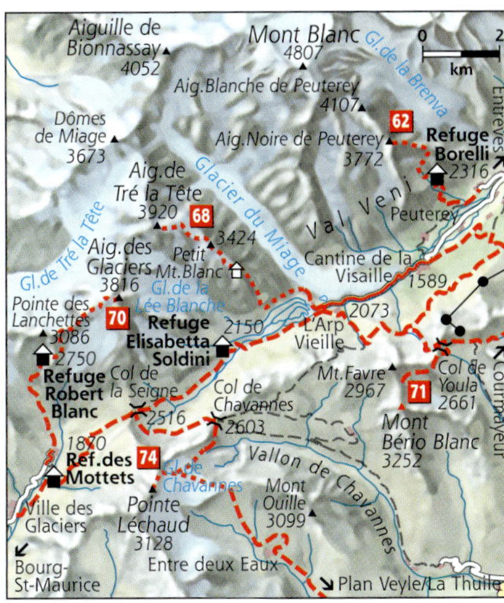

Aussicht: Nördlich gegenüber die Aiguille Blanche, überragt vom teils verdeckten Mont Blanc und westlich flankiert vom wild zerrissenen Frêneygletscher, östlich vom breiteren Brenvagletscher

Andere lohnende Routen: Südgrat (TD, bis V+, 1300 mH, 50 Seillängen, 10 Std.), Westwand (TD, bis V A1 oder VI+, 650 mH, 10 Std.)

0

30 mH

63 Aiguille du Midi, 3842 m (320 mPr)

Der kühne Seilbahngipfel ohne Touristenauslauf

Schwierigkeiten: Insgesamt **0,0**: ein paar Treppenstufen, die jedoch unakklimatisierten Besuchern auch schon schwer werden können … (zum Gipfel. am Fuß des Antennenturmes 30 mH, III – und Ärger mit dem Personal)
Mühen: Geldbeutel leer machen. Bei gutem Wetter Schlange stehen.
Gefahren: Für Unakklimatisierte Kopfweh, Schwindel oder auch mehr.
Freuden: Ein wirklich fantastisches Panorama
Karte, Anreise: → siehe **Aiguille du Chardonnet**

Der ansehnliche Gipfel ist gründlich verschandelt, sowohl durch die Tunnel wie die aus dem Fels gesprengten Aussichtsterrassen, die aber an schönen Tagen trotz solcher baulichen Bemühungen für alle nicht alpin ausgerüsteten und draußen im rauen Hochgebirge aktiven Besucher/-innen nur Käfighaltung ermöglichen. Den Gipfel erreicht man nur unter Regelverletzung: eine knappe Seillänge nicht sonderlich schöne Kletterei zum nicht sonderlich schönen Sockel des im Format einer Weltraumrakete gestalteten Antennenaufbaus. Im Übrigen: Es gibt in der Bergstation keine Übernachtungsgelegenheit und auch das Biwakieren in den Stollen wird beharrlich verwehrt.

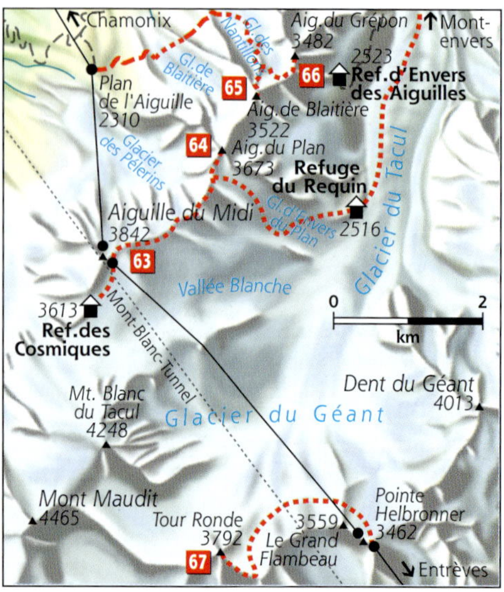

64 Aiguille du Plan, 3673 m (198 mPr)

Der Gipfel am Märchengrat

AD- III

40°

8 Std.

400 mH

Schwierigkeiten: Insgesamt **AD-**, mit Kletterstellen III und Firn bis 40°
Mühen: Ab Aiguille du Midi Gipfelaufstieg 300 mH (4 Std.) – danach ebenso viel Wiederaufstieg oder 1700 mH Abstieg nach Montenvers. Vom Refuge Cosmiques am Col du Midi 800 mH + 300 mH Wiederanstieg, vom Refuge du Requin 1200 mH (dann nur PD)
Gefahren: Durch den mühelosen Seilbahnzugang bei gutem Wetter meist überlaufen – und nur zu oft auch durch Schlampereien oder Rücksichtslosigkeit von Mitsteigenden nicht nur Behinderungen, sondern auch Gefahren. Später Abstieg über den aufgeweichten Requingletscher fordert Spaltenstürze heraus! Das weise Motto der Bergführer gilt auch hier: »... tenir un bon horaire ...« Sauberes Steigen vorausgesetzt, bringt Tempo im Hochgebirge Sicherheit.
Freuden: Ein landschaftliches Highlight, sehr oft werbewirksam abgebildet und entsprechend beliebt, was die Freuden aktuell rasch trüben kann
Karte, Spezialführer, Anreise: → siehe **Aiguille du Chardonnet**

Pierre Tairraz hat ihn – mit dem unvergessenen Model Gaston – auf Film und Fotopapier meisterlich verklärt, diesen luftigen Grat zum höchsten unverbauten und deshalb frei besteigbaren Gipfel der Aiguilles de Chamonix. Über den Midi-Plan-Grat ist das ein rasch erreichbares Ziel geworden, das allerdings nor-

Aiguille du Plan, links Midi-Plan-Grat

64

malerweise nicht mehr so unberührt vorzufinden ist wie auf Pierres Bildern. Wegen der späten Startzeiten der ersten Bahn ist bei einer Tagestour, selbst mit der Kasteiung von frühmorgendlichem Schlangestehen, das Losgehen vor Ort leider erst recht spät möglich.

Und es stellt sich dann allemal die Frage, ob nach Erreichen des Ziels der Rückweg zur Bergstation mit Einreihen in die bei Schönwetter beachtlichen Warteschlangen für die Talfahrt oder der ganz schön lange Abstieg zur Requinhütte und nach Montenvers gewählt werden soll. Solche Entscheidungsfragen stellen sich nur jenen – selten gewordenen – Zeitgenossen nicht, die vom *Refuge du Requin* (2516 m, 60 L, Tel. 0033/450/47 21 89) auf dem alten klassischen Normalweg über den schön zerrissenen Requingletscher aufsteigen und entsprechend vernünftig frühnächtens losgehen können. Wer den Midi-Plan-Grat ohne diese Aufstiegsmühen im ersten Licht bei gutem Firn gehen will, kann im zeitweilig durch Auftauen des Permafrostes vom Abbrechen bedrohten, aber anscheinend wieder fest genug an den Bergkörper gehefteten *Refuge Cosmiques* (3687 m, Tel. 0033/450/54 40 16) am Col du Midi übernachten.

Gipfelaufstieg über Midi-Plan-Grat: Aus dem Stollenloch und den Ostgrat hinab. Weiter am Grat über die Kuppe P. 3605 und den bald schmalen Grat – oder rechts über steilen Firn oder Eis hinab und ins Col du Plan (3475 m). Am Grat und über Rinne und ostseitiges Wandl (III) zum P. 3532. Scharfen Grat zum Firnsattel (3477 m). Im Couloir steil hinauf und auf den felsigen Rognon du Plan (P. 3601). Am zuerst flachen Grat, dann Rinne hinab zu Bändern und heikel (eventuell abseilen) zum Firn am Col superieur du Plan (3535 m). An Firngrat hinauf zum steil-felsigen Gipfelaufbau der Aiguille du Plan. Nord- oder südseitig schwierig (III) zum höchsten Punkt.

Aufstieg von der Requinhütte: Wenn der Gletscher nicht durch starke Ausaperung zu heikel geworden ist, kann man immer mit einer guten Spur rechnen, die bei sehr frühem Aufbruch relativ ungefährdet hinaufleitet zum Col superieur du Plan. Weiter siehe oben.

Aussicht: Kontrast zwischen steilen Felswelten und Gletscherweiten

65 Aiguille du Grépon, 3482 m (172 mPr)

D- IV+ !

8 Std.

1300 mH

Der klassische hochalpine Klettergipfel von Chamonix

Schwierigkeiten: Insgesamt **D-**, mit Kletterstellen IV+
Mühen: Hüttenzustieg 100 mH abwärts (0:15 Std.), Gipfelaufstieg 1200 mH (5 Std.), davon die Felskletterei nur 100 mH kurz, aber herzhaft
Gefahren: Der Glacier des Nantillons ist berüchtigt, sowohl wegen seiner Gefahren durch Spalten als auch für seine Séracabbrüche.
Freuden: Ein Aufstieg über Schauplätze klassischer Abenteuer
Karte, Spezialführer, Anreise: → siehe **Aiguille du Moine**

Ebenso wie die Drus ist die Aiguille du Grépon einer der besonders geschichts- und geschichtenträchtigen Berge der Alpen. Die Erstbesteigung am 5. August 1881 durch den großen Führer Alexander Burgener und seinen Kollegen B. Venetz mit dem leistungsfähigen, 1895 am Nanga Parbat verschollenen Engländer Albert Frederick Mummery über den Nordgrat war eine der brillantesten alpinistischen Erstleistungen ihrer Zeit. Den weniger schwierigen und kürzeren heutigen Normalweg über den Südsüdwestgrat fanden die Führer F. und G. Simond und A. Tairraz mit dem Klienten H. Dunod 1885. Die 800 m hohe, schwierige Ostwand wurde erstmals am 19. August 1911 durch Josef Knubel und H. Brocherel mit dem durch seine lebendigen Schilderungen bekannten Briten Geoffrey Wintrop Young (»On High Hills«) und seinen Kumpanen H. O. Jones und R. Todhunter durchstiegen.

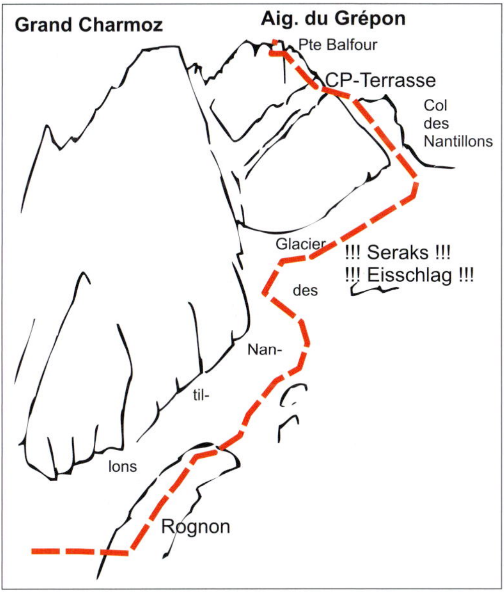

Hüttenaufstieg: Als Stützpunkt für frühen Aufbruch bietet sich das 10 Min. unterhalb der Mittelstation Plan de l'Aiguille der Aiguille-

Aiguille du Grépon vom Col des Nantillons

du-Midi-Seilbahn gelegene *Châlet du Plan de l'Aiguille* an (2203 m; privat, 60 L, Juni–Sept., Tel. 0033/450/ 47 76 55).

Gipfelaufstieg: Von der Mittelstation nach Osten knapp unterhalb des Lac du Plan de l'Aiguille vorbei und auf die orografisch linke Moräne des Glacier de Blaitière. Schräg zum Gletscher absteigen, diesen ansteigend queren, jenseits bei P. 2475 auf die orografisch rechte Moräne und weiter queren (Steig), zuletzt steil hinab auf den Glacier des Nantillons (1 Std., hierher auch von Montenvers in 1:30 Std.). Zur Mitte des Gletschers queren, dann in weitem Rechtsbogen mit achtungsvollem Abstand unter den Seraks vorbei zum Fuß der im Gletscher gelegenen Felsinsel (Rognon). Die nordostseitigen Felsen hinauf (II und I), dann zuerst nach SO (Spalten), danach nach O, um der einschüchternden zweiten Serakzone auszuweichen und in die Falllinie des Couloirs zwischen Charmoz und Grépon zu gelangen.

Nun wieder nach S, dann SW steil hinauf zum Gletscherboden am Fuß des Spencercouloirs der Aiguille de Blaitière, unter dem Col des Nantillons (3292 m, 2 Std.). Links hinauf in Richtung der Scharte östlich vom Turm Bec de l'Oiseau. Um einen Turm links herum zur CP-Terrasse, wo die Felskletterei beginnt.

65

3 m abklettern und über zwei Klemmblöcke (III) zu jenseits befindlichem Band. Links über große Platte hinauf, dann Riss an ihrem linken Rand (III). Über Bänder und Kamine schräg hinauf in die Balfourscharte (Blick in die Ostwand, wo rechts der Knubelriss, V+, zum Gipfel zieht). Nun westseitig in tiefem Kamin absteigen zum Fuß eines andren Kamins (Dunodkamin, V+). Noch etwas hinab, eine Platte queren und wieder aufsteigen. Über eine zweite Platte (IV+) zum Lochmatterkamin (der 4 m links vom Dunodkamin verläuft). Darin hinauf (III). Nun am »Z-Riss« zuerst nach rechts, dann schräg links (IV, Haken) auf den Gipfel.
Im Abstieg wird über den Knubelriss direkt zur Balfourscharte abgeseilt.
Aussicht: Schwindel erregende Tiefblicke in die nähere Umgebung der Aiguilles, entfernter auf Verte, Jorasses und Mont Blanc

66 Aiguille de Blaitière, 3522 m (170 mPr)

Die Aiguille mit dem klassischen Couloir

AD III !
50°
8 Std.
1300 mH

Ebenfalls großartiger, publikumswirksam mit der Westwand neben der Midi-Seilbahntrasse stehender Berg. Die erste Besteigung erfolgte am 6. August 1874 durch den Briten E. R. Whitwell mit C. und J. Lauener über die Randfelsen des Spencercouloirs, das erst 1898 durch S. Spencer mit Chr. Jossi und H. Almer begangen wurde und jetzt mit moderner Eisausrüstung der Normalweg ist. Die von Bergstürzen gezeichnete, extrem schwierige Westwand gelang den britischen Kletterassen Joe Brown und Don Whillans am 25. Juli 1954 und war damals mit ihrer gewagten Freikletterei (VII, schlecht gesichert) ihrer Zeit weit voraus.
Gipfelaufstieg: Zum Spencer-Couloir siehe Aiguille du Grépon. Das Couloir ganz hinauf zur Scharte zwischen Nordgipfel und Mittelgipfel. Grat oberhalb des südlichen Ufers des Couloirs zum Gipfelaufbau. Oberhalb von abgeflachtem Block 10 m Kamin (III), dann links schrägen Riss und im Couloir zwischen Mittel- und Südgipfel zur Scharte. Kamin der SW-Seite hinauf, durch Loch zur Nordseite und auf den Mittelgipfel.

PD II !

5 Std.

600 mH

67 Tour Ronde, 3792 m (165 mPr)

Der Aussichtsgipfel gegenüber der Brenvaflanke

Der in seiner grandiosen Umgebung übersichtlich wirkende Berg ist idealer Aussichtsbalkon vis-à-vis der 1400 m hohen, aber 1997 durch einen Bergrutsch beschädigten Brenvaflanke des Mont Blanc. Der Berg wurde von Briten mit M. Payot 1867 erstmals betreten. Die Besteigung ist mit Nutzung der Seilbahnen zum Col du Géant als Tagestour machbar, wird allerdings nur mit Übernachtung und frühem Aufbruch empfohlen.

Vom *Rifugio Torino* (CAI Torino, Juni–Sept., neue Hütte 3371 m, 140 L, Tel. 0039/0165/84 40 34, alte Hütte 3322 m, 70 L, Tel. 0039/0165/84 64 84) nach NW, über Col du Flambeau und ins Vallée Blanche 100 mH absteigen. Unter der Aiguille du Toule vorbei, hinauf ins Gletscherbecken östlich des Tour Ronde und vom Col d'Entrèves (3527 m) am Südostgrat zum Gipfel (vom Aufstieg in der Flanke weiter rechts wird abgeraten!).

Aiguille de Blaitière und Aiguille du Plan von Norden

Westliche Mont-Blanc-Gruppe (Trélatête-Gruppe)

Ein großer Happen Gebirge mit schönen und hohen Gipfeln. Neben dem Magneten Mont Blanc ist hier das Gedränge gering.

Aiguille de la Trélatête von Süden

68 Aiguille de la Trélatête, 3920 m (588 mPr)

Der großartige westliche Trabant des Mont Blanc

PD ! !

8 Std.

2340 mH

Schwierigkeiten: Insgesamt **PD**, mit Kletterstellen I
Mühen: Hüttenaufstieg 1390 mH (4 Std.), Gipfelaufstieg 950 mH (5 Std.)
Gefahren: Gletscher, am Grat Wechten
Freuden: Übersichtliches Publikum
Karte, Spezialführer, Anreise: → siehe **Aiguille Noire de Peuterey**

Berg gegenüber der Westflanke des Mont Blanc. Von den drei Gipfeln ist der mittlere der höchste. Erstbesteigung 1864 durch A. Reilly und Whymper mit Michel Croz, Michel Payot und Henry Chalet.

Hüttenaufstieg: Im Val Veni von *Cantine de Visaille* (1700, ab hier Fahrverbot) Straße zum verlandenden Lac de Combal. Am Fuß der großen Seitenmoräne des Miagegletschers zum Nordufer. Steiglein in Tälchen hinauf zum *Bivacco Petit Mont Blanc* (3047 m; 8 L).

Gipfelaufstieg: Zunächst nach NW über Firngrat auf den Petit Mont Blanc (3424 m). Kurz vor dem Gipfel in Rinne nach W hinab auf den Glacier du Petit Mont Blanc. Entlang dem W-Ufer aufsteigen, dann Rinne links hinauf zum SO-Grat. Daran zum Gipfelgrat.

F

6 Std.

2650 mH

69 Dômes de Miage, 3673 m (324 mPr)

Der wunderbare Firngrat hoch über Les Contamines

Der nach Nordosten mit gewaltiger Eisflanke abbrechende Kamm trägt mehrere Gipfel (3670 m, 3666 m und 3633 m, Hauptgipfel 3673 m, östl. Vorgipfel 3672 m). Erstmals bestiegen wurde er schon im Jahr 1858 durch den Briten T. Coleman mit Fréderic Mollard und Josephe Jaquemont.

Von *Les Contamines – Montjoie* (1167 m) nach S zum *Hôtel de la Trélatête* (1970 m), weiter zum hier aperen Gletscher und darauf bis 2250 m, dann im Fels Steig zum *Refuge des Conscrites* (2630 m; CAF St Gervais, 86 L, bew., Tel. 0033/479/89 09 03; 1500 mH, 5 Std.). Auf dem flachen Glacier de la Trélatête nach NO, links vom P. 3336 die Gletschermulde hinauf zum Col des Dômes (3564 m) und ostwärts zum Hauptgipfel. Der ideale Abstieg über den Grat zurück zur Hütte verlangt einige Gegensteigungen, ist aber nicht schwieriger und unvergesslich.

PD+ III- !

8 Std.

2100 mH

Tourenkarte:
→ siehe **Aiguille Noire de Peuterey**

70 Aiguille des Glaciers, 3816 m (301 mPr)

Der Eckpfeiler des Trélatête-Kammes

Berg von Format. Von *Bourg-St-Maurice* im Val d'Isère über Les Chapieux und Ville des Glaciers Sträßchen bis La Motte (1868 m). Nach Norden Steig zum *Refuge Robert Blanc* (2750 m; privat, 40 L, bew. Juni–Sept., Tel. 0033/479/07 24 22; 950 mH, 3 Std.). Nach O Südgrat der Pointe des Lanchettes queren. Aus dem Kar dahinter Rinne zum Col des Glaciers (3083 m, hierher auch steil von N vom Glacier Trélatête). Über leichten Felsgrat, dann Firnrücken hinauf zum Dôme de Neige (3592 m). Firnmulde vor Gipfelaufbau queren zu Felsrippe in Gipfelfalllinie. Daran an brüchigem Fels, zuletzt Firngrat zum Gipfel.

Südliche Mont-Blanc-Gruppe

Weit schuttiger und fast ohne Gletscher sind diese Berge an der Südflanke der hohen Gletschergipfel. Aber der Blick auf die Riesen, der lohnt den Besuch!

71 Mont Bério Blanc, 3252 m (736 mPr)

Der Tâche Blanche zwischen Val Veni und Petit St. Bernard

PD? ca. III **!**

P 9 Std.

1600 mH

Schwierigkeiten: Insgesamt etwa **PD**, mit Kletterei bis etwa III und II
Mühen: Gipfelaufstieg 1600 mH (5 Std.)
Gefahren: Fels vermutlich mäßig. Details unbekannt. Nur für im Umgang mit unbekanntem Hochgebirge erfahrene Leute.
Freuden: Der Reiz des vorsichtigen Selberentdeckens
Karte, Anreise: → siehe **Aiguille Noire de Peuterey, Aiguille de la Trélatête**

Nahe den Publikumsmagneten halten sich manchmal weiße Flecke. So auch hier – es war keine Information über den Gipfelaufbau zu diesem Berg aufzutreiben, und selbst hat der Autor ihn noch nicht bestiegen. Matthäus 7,7!

Gipfelaufstieg: Von *Cantine de Visaille* Steig nach S hinauf zum Col de Youla (2661 m, östlich oberhalb Bergstation der Seilbahn Crête de Youla, von der jedoch kein Steig herab existiert! Hierher auch Steig direkt von Courmayeur, weit). Nach S und W Steig am Grat entlang zu Gratverzweigung. Hier rechts dem Steig weiter folgen bis zur Scharte unterhalb des Mont Favre. Weiterweg unbekannt, möglicherweise zunächst die Halden oder den Firn unterhalb der Felsen queren, zuletzt in Kletterei über die Flanke oder den Nordgrat zum Gipfel. Keine Einzelheiten bekannt.

Aussicht: Im Norden die Aiguille Noire und dahinter der Mont Blanc.

Mont Bério Blanc von Südwesten von der Passstraße des Petit St. Bernard

F	I
P	5 Std.
	1550 mH

72 Grande Rochère, 3326 m (701 mPr)

Der Aussichtsbalkon gegenüber Jorasses und Mont Dolent

Schwierigkeiten: F, mit Kletterstellen I
Mühen: Gipfelaufstieg 1550 mH (5 Std.)
Gefahren: Gering
Freuden: Aussicht!

Karte: LKS 1:50 000, Blatt 292 Courmayeur, auch Spezialführer (s.u.)
Spezialführer: CAI Gino Buscaini, Alpi Pennine Vol. I

Gipfelaufstieg: Vom Aostatal von *Villair* (900 m) Sträßchen hinauf nach Morgé (1623 m) und im Tal hinauf nach Planavalle (1750 m). Steig nach NO in Richtung Col Serena hinauf zur Alp Rantin (2338 m) und dann auf horizontalem Hangweg nach N zur *Capanna Bonalé* (2340 m).

Im Tal weiter hinauf, oben nach Westen, rechts von einem 300 m links der Gipfelfalllinie herabziehenden Felssporn in großer Schuttrinne zur Schulter des SSO-Grates. Am breiten Grat zum Gipfel.

73 Monte Fallère, 3061 m (577 mPr)

Wiesen- und Schuttwanderung über Aosta

F I

P 7 Std.

1400 mH

Schwierigkeiten: **F**, mit Kletterstellen I
Mühen: Gipfelaufstieg 1400 mH (5 Std.)
Gefahren: Minimal
Freuden: Grüne Bergwanderung
Karte, Führer, Anreise: → **s. Grande Rochère**

Gipfelaufstieg: Westlich von Aosta Sträßchen über Ville sur Sarre nach Touraz (1652 m). Im Tal nach NW aufsteigen und über Südflanke Pfadspuren zum Gipfel.

74 Pointe Lechaud, 3128 m (525 mPr)

Alpine Wanderung über dem Col du Petit St. Bernard

F I

P 6 Std.

1250 mH

Schwierigkeiten: Insgesamt **F**, mit Kletterstellen I
Mühen: Gipfelaufstieg 1250 mH (4 Std.)
Gefahren: Minimal; Vorsicht am Firn
Freuden: Ausblick auf Trélatête und Mont Blanc
Karte, Anreise: → siehe **Mont Berio Blanc**

Gipfelaufstieg: Von der östlichen Passzufahrt zum Petit St. Bernard bei 1900 m Höhe (mehrere Haarnadelkurven) beginnend auf Steig in den Talgrund queren, über Bach und auf Steig am nördlichen Talhang nach NW aufsteigen zu Gletscherresten und über Firn und Gipfelfelsen, zuletzt am Nordgrat, zum höchsten Punkt.

Tourenkarte: → siehe **Aiguille Noire**

Der Berg ist bei einer Umrundung des Mont Blanc als Abstecher vom Col de la Seigne zu besteigen: Vom Col wenig ansteigenden Hangweg nach Osten zum Sattel P. 2603. Hinter Gratfelsen nach SW in das Kar queren. Über Firn und Nordgrat zum Gipfel (620 mH).

Bild links: Grajische Alpen, rechts Pointe Lechaud

GRAJISCHE ALPEN

Südlich des Mont Blanc erstrecken sich diese im deutschen Sprachraum weniger bekannten Gletscherberge vom Petit St. Bernard bis zur Talfurche Chambéry – Modane – Fréjus – Bardonecchia – Susa. Im französischen Sprachraum werden sie auch als Alpes de Savoie bezeichnet. Die beiden auf 14 km aneinander angrenzenden Nationalparks Gran Paradiso und Vanoise bilden zusammen das flächengrößte höchstrangige Naturschutzgebiet der Alpen. Vorläufer des Nationalparks Gran Paradiso waren die 1850 vom italienischen König Vittorio Emanuele II. eingerichteten königlichen Schutzgebiete, mit denen die damals fast ausgerotteten Steinböcke gerettet werden konnten. Im 1922 ausgewiesenen Parco Nazionale del Gran Paradiso hat sich ihre Population ebenso erholt und stabilisiert wie die übrige Fauna und Flora. Entsprechendes gilt für den erst 1963 geschaffenen Parc National de la Vanoise. Und wenn auch die Brennpunkte des Interesses heftig besucht werden und – besonders auf der französischen Seite – einige der angrenzenden Täler und Randberge mit Rollbahnen, Betonburgen und Stahlkabelgewerk bis zum Exzess erschlossen sind, so lässt sich abseits der großen Publikumsmagneten die noch heile Welt von Hochgebirgswildnis durchaus in Hülle und Fülle finden. Es bleibt deshalb nur zu hoffen, dass die aktuellen Vorstöße der Tourismus- und Baulobby zur Aufweichung der Schutzbestimmungen in Nationalparken ausgebremst werden können.

Bei Balme

Nordöstliche Grajische Berge – Gran Paradiso

Hier liegt mit dem Viertausender Gran Paradiso auch der höchste Gipfel der Grajischen Alpen. Er beherrscht diesen Gebirgsteil durch seine behäbig wirkende Bergmasse, bleibt jedoch bei der Annäherung an das Gebirge meist von vorgelagerten Bergen verdeckt. Erst von diesen aus wird er als Gigant erlebbar.

75 Monte Emilius, 3559 m (733 mPr)

Der Panoramagipfel 3000 m über Aosta

F II

7 Std.

1350 mH

Schwierigkeiten: Insgesamt **F**, mit Kletterstellen I
Mühen: Gipfelaufstieg ab Lago di Chamolè 1350 mH (4–5 Std.)
Gefahren: Hochalpine Wanderung mit moderaten Gefahren
Freuden: Ein sensationeller Tiefblick auf Aosta
Karte: Carte igc 1:50 000, Nr. 3 Il Parco Nazionale Gran Paradiso
Spezialführer: Klotz, GF Gran Paradiso, Bergverlag Rother

Anreise: Von *Aosta* (600 m) Straße oder Seilbahn nach Süden hinauf nach *Pila* (1700 m). Dort Sessellift zum See Lago di Chamolè (2311 m).
Gipfelaufstieg: Nach SO über Col di Chamolè (2641 m) zum *Rifugio Alpe Arbole* (2507 m, 20 L, Juli–Sept.). Am Lago d'Arbole vorbei am Bach entlang zu ausgedehnten Moränen. Diese nach NO hinauf, am Lago Gelato (auch Lac Gelé, 2956 m) über rötlichen Schutt vorbei. Über Blockfelder hinauf zum linken (N) der beiden Pässe (Passo dei Tre Cappucchini, 3241 m). Am Südgrat (Steigspuren) zum Gipfel.
Aussicht: Kontrastprogramm – Blick auf Eisgipfel (im SW Gran Paradiso, im NO Grand Combin) und die das Tal verstopfende Stadt

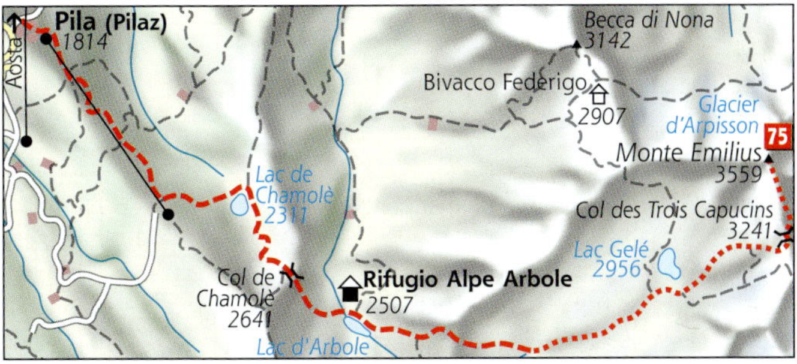

PD+ II !

12 Std.

2420 mH

76 Grivola, 3969 m (714 mPr)

Die grandiose Felspyramide über dem Valsavarenche

Schwierigkeiten: Insgesamt **PD+**, mit Kletterei II in brüchigem Fels
Mühen: Hüttenaufstieg 920 mH (3 Std.), Gipfelaufstieg 1500 mH (6–7 Std.)
Gefahren: Ernster alpiner Berg mit Gletscherzugang. Der Bergschrund kann heikel sein. Flanke stark steinschlaggefährdet (Morgensonne!), deshalb in den Wandeinbuchtungen seitlich des Rinnengrundes steigen!
Freuden: Einer der eindrucksvollsten Beinaheviertausender der Alpen
Karte, Spezialführer: → s. **Mt. Emilius**

Gegenüber der Bergmasse des Gran Paradiso wirkt diese jähe Felspyramide zwischen Valsavarenche und Vallon de Cogne elegant und schlank. Aus der Nähe besehen erweist sich das Gestein jedoch als ernüchternd veränderungsfähig, denn im Gegensatz zum aus granitartigem Gneis bestehenden Gran Paradiso besteht die Grivola aus schiefrigem Grünstein. Nach gelungener Besteigung beschäftigt die Aufgabe, von dem ganz schön hohen Trümmerhaufen wieder heil hinunterzukommen, nochmals fast ebenso lange wie der Aufstieg. Die erste Ersteigung des Berges erfolgte am 23. August 1859 von Südwesten, wobei jedoch von der Gruppe nur der Führer F. A. Dayné den höchsten Punkt erreichte. Der heutige Normalweg gelang P. Schamonin mit A. Jeannet 1861.

Anreise: Mit Bus oder Auto von Sarre im Aostatal nach Süden hinauf nach *Cogne* (1520 m) und weiter zur Häusergruppe Valnontey (1666 m)

Hüttenaufstieg: In westlicher Richtung Steig das Seitental Val Lauson steil hinauf zu den beiden Häusern *Rifugio Vittorio Sella* (2585 m; CAI Torino, 205 L, Juni–Sept., Tel. 0039/0165/743 10)

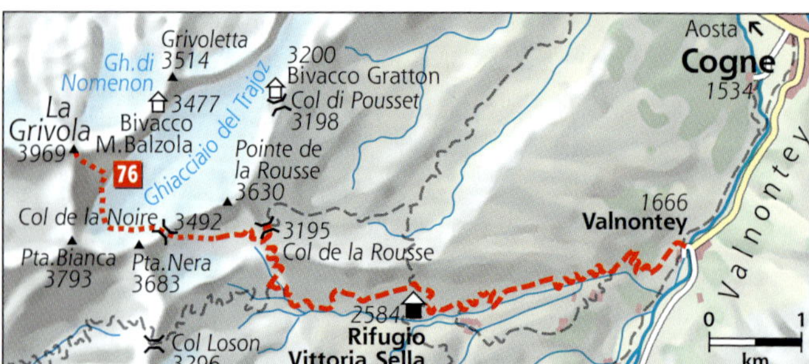

Grivola von Nordosten

Gipfelaufstieg: Steig westwärts im Tal hinauf bis zu Wegabzweigung beim P. 2844. Nun nach N steil empor zum Col della Rossa (3195 m). Nach W ansteigen zum Sattel Colle della Nera (3491 m), wo die Grivola in Sicht kommt. Den Gletscher Ghiacciaio del Trajoz queren zum Fuß der Südostflanke. Dort in Gipfelfalllinie in der linken der beiden großen Wandeinbuchtungen links vom Rinnengrund bis etwa in halbe Wandhöhe hinauf. Nun rechts auf die große Felsrippe. Daran gutgriffig empor, bis man nach rechts in der nächsten Wandeinbuchtung weniger schwierig aufsteigen kann zum Nordnordostgrat. Man erreicht ihn bei der Schulter oberhalb der Türme. Von dort am Grat leicht zum Gipfel.
Aussicht: Im Süden der Gran Paradiso, im Nordwesten der Mont Blanc
Andere lohnende Routen: Nordgrat (AD, III, 5 Std. vom Einstieg)

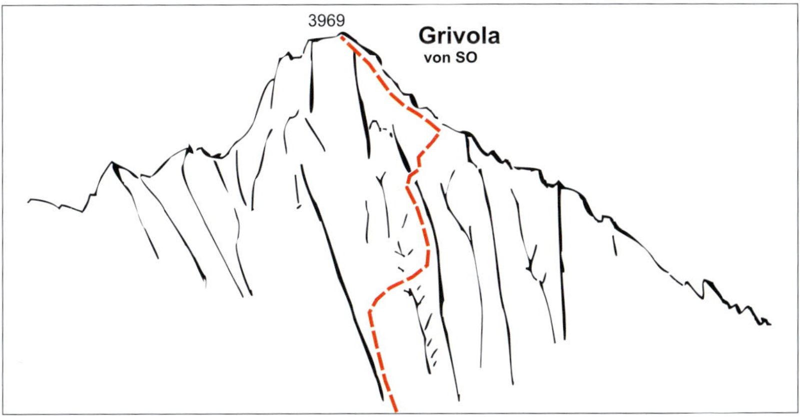

F+ I !

11 Std.

1750 mH

77 Punta Tersiva, 3512 m (596 mPr)

Der markante Felsberg südlich des Monte Emilius

Schwierigkeiten: Insgesamt **F+**, mit Kletterstellen I
Mühen: Gipfelaufstieg 1750 mH (6 Std.)
Gefahren: Einsame Gegend, suboptimaler Fels, oben weithin Firngrat. Spät im Jahr vermutlich durch Ausaperung unerquicklich.
Freuden: Ein alpiner Berg
Karte, Spezialführer, Anreise: → siehe **Grivola**

Der recht brüchige, aber durchaus ansehnliche Berg wurde 1842 durch Pietro Baldassare Chamonin, damaliger Pfarrer von Cogne, erstmals erstiegen, womit er so erfolgreich war, dass er daraufhin zum Wiederholungstäter im Besteigen von Paradisobergen wurde.
Gipfelaufstieg: Von Gimillan (nördlich oberhalb Cogne, 1787 m) das Vallon de Grauson, zuletzt über den Ghiacciaio del Tessonet, hinauf. Links Rinne zum NW-Grat. Daran, teils Firn, luftig zum Gipfel.
Aussicht: Ähnlich vom Monte Emilius, aber ferner vom Aostatal

F+ II !

10 Std.

1700 mH

78 Torre di Lavina, 3308 m (475 mPr)

Der südöstliche Ausguck der Paradisogruppe

Schwierigkeiten: **F+**, mit Kletterstellen II
Mühen: Gipfelaufstieg 1700 mH (6 Std.)
Gefahren: Alles, was so in wenig frequentiertem Hochgebirge vorkommt und deshalb Erfahrung und Umsicht der Besucher voraussetzt, wie etwa wegloses Gelände, Firn oder Eis und brüchiger Fels
Freuden: Ein Berg mit der guten Chance auf übersichtliches Publikum
Karte, Spezialführer, Anreise: → siehe **Grivola**

Ein unspektakulärer Berg abseits allen Trubels.

Gipfelaufstieg: Von *Cogne* nach O, hinter *Lillaz* östlich vom Ort abzweigend Steig Alta Via Nr. 2 zur Malga Gollie (1854 m). Nach SO Weg Nr. 102 hinauf zur Häusergruppe Bardonney (2232 m). Nach S das Val Bardonney 3 km hinauf, dann ostwärts zum Fuß des Seitengrates, der vom P. 3133 des Torre di Lavina nach W herabzieht. Entweder auf Blockgrat (oder zuerst rechts davon ansteigend und dann auf Band nach links hinauf) zur Steilstufe. Diese über gegliederten Fels hinauf und am bald weniger steilen Gratkamm von N her zum Nordgipfel. Am schmalen Verbindungsgrat luftig zum höheren Südgipfel.

Andere lohnende Routen: SW-Grat (D, IV+, 3 Std. Genuss ab Einstieg)

79 Punta Bianca di Bioula, 3427 m (420 mPr)

Der öde Felskamm zwischen Valsavarenche und Val di Rhêmes

PD II !

12 Std.

1900 mH

Schwierigkeiten: Insgesamt etwa **PD**, mit Kletterei II
Mühen: Gipfelaufstieg 1900 mH (7 Std.)
Gefahren: Einsame und entsprechend ungeputzte Trümmergrate

Freuden: Hier kann man noch Entdecker spielen.
Karte, Spezialführer, Anreise: → siehe **Ciarforon**

Der mittlere und höchste Gipfel im unvergletscherten Bergkamm nördlich vom Mont Taou. Die erste Besteigung und zugleich Überschreitung (oberer Teil O-Grat, N-Grat) gelang G. B. Bozzino im Jahre 1911.

Gipfelaufstieg: Von Eau Rousses (1666 m, 4 km südlich von Degioz) westwärts Steig am Talhang hinauf zur Jagdhütte Orivieille (2165 m). Auf altem Maultierpfad nordwärts um den Sockel des Punta-Bianca-

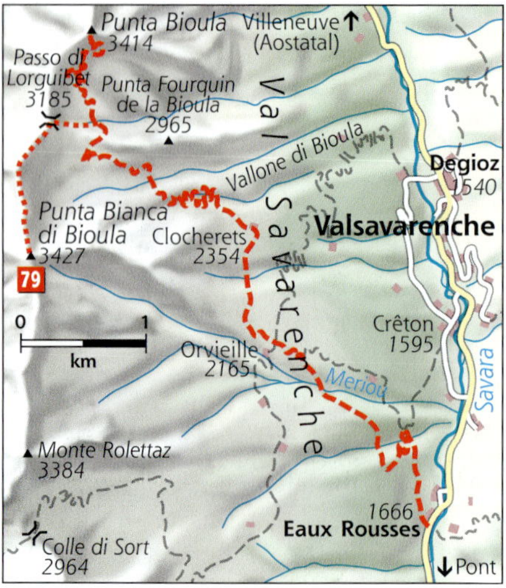

Grivola (rechts) und l'Aouillié (links), in der Ferne der Monte Rosa

Ostgrates herum. Dahinter in Schuttkar weglos, oben nach rechts haltend zum Passo di Lorguibet (3185 m). Nun nach S am weitläufigen N-Grat zum Gipfel.

Aussicht: Östlich die Grivola, im Südosten der Gran Paradiso

Nebengipfel: Die nur wenig niedrigere **Punta Bioula** (3414 m) vom Kar unterhalb des Passo di Lorguibet über S-Seite leicht (F, 6–7 Std. vom Tal)

F	I
❄	
P	8 Std.
	1000 mH

80 L'Aouillié – L'Ouille, 3440 m (417 m Pr)

Der Aussichtsgipfel gegenüber dem Gran Paradiso

Schwierigkeiten: Insgesamt **F**, mit Kletterstellen I
Mühen: Gipfelaufstieg 1000 mH (5 Std.)
Gefahren: Relativ gefahrenarm, aber ratsam, den Gletscher ernst zu nehmen
Freuden: Ein panoramisches Unternehmen
Karte, Spezialführer: → siehe **Grivola**

Der südliche Teil des Bergkammes zwischen Valsavarenche und Val di Rhêmes schließt an den Grenzkamm an und ist moderat vergletschert. Die Bergformen sind behäbig und zeigen nur wenig schroffes Gelände. Die mittlere und höchste der drei Gipfelkup-

pen wird in der französischen Karte als l'Ouille geführt. Die erste Besteigung gelang Pio Paganini 1880.

Anreise: Von Cuorgnè (50 km nördlich von Torino) im Valle di Locana ganz hinauf zum Col del Nivolet (2612 m) und *Rifugio Città di Chivasso* (2604 m, CAI Chivasso, 38 L, Juli–Sept., Tel. 0039/0124/95 31 50)

Gipfelaufstieg: Nach N hinab zum kleinen See an der Straße. Auf dem dort nordwärts abzweigenden Steig zum Rif. Savoia (2532 m), dann zuerst nach SW, aber bald wieder nach N weiter, östlich am Lac Rosset vorbei. Bei Weggabelung rechts, über eine Felsstufe und weiter nordwärts im Tal hinauf zum Col di Leynir (3084 m, 2:30 Std.).

Nun nach NO auf undeutlichem Steig zuerst links in Schrofenflanke, bald rechts zum oberen Ende einer Steilstufe. Den Steigspuren nach über die gelbbraunen Felsen der Stufe zum Südwestkamm. Über diesen leicht zum Gipfel des vom Tal auffallenderen **Mont Taou Blanc** (auch Mont Teu Blanc, frz. Karte M. Tout Blanc, 3438 m). Nach Norden absteigen zum Col dell'Aouillié (3327 m) und über Blockgrat zum Gipfel l'Aouillié.

Aussicht: Östlich gegenüber der Gran Paradiso

Nebengipfel: Nordöstlich benachbart **Cima d'Entrelor** (3430 m) von Pont Steig über Alp du Nivolet und Pian Borgno (F, 1500 mH, 5 Std.)

81 Torre del Gran San Pietro, 3692 m (349 mPr)

PD	I
❄	35°
Hütte	8 Std.
Aufstieg	2100 mH

Die elegante Spitze der Apostoli

Schwierigkeiten: Insgesamt **PD**, mit Kletterstellen I
Mühen: Hüttenaufstieg 1200 mH (5 Std.), Gipfelaufstieg 900 mH (4 Std.)
Gefahren: Gletscher bei fortgeschrittener Saison teilweise heikel
Freuden: Ein großartiger Aufstieg gegenüber der Ostseite des Paradiso
Karte, Spezialführer, Anreise: → siehe **Grivola**

Der markante Gipfel der Apostoli im vom Gran Paradiso nach Osten ziehenden Kamm wurde bereits mehrfach vergeblich versucht, bevor er unter der Führung von D. Ballay und M. Payot durch die Briten D. W. Freshfield, C. C. Tucker, T. H. Carson und J. H. Backhouse am 14. Juli 1867 erstmals bestiegen wurde. Die schroffe, schwierige Südostwand wurde erst 1980 erstmals durchklettert.

Aufstieg zur Biwakschachtel: Von *Valnontey* das Tal hinauf bis 1 km hinter Valmianaz. Links Steig in Lärchenwald steil hinauf, später oberhalb von Steilstufe zuerst nach links, dann nach rechts, drei Rinnen querend, zur Alpe Money (2325 m). Auf der großen rechten Seitenmoräne aufsteigen. Die anschließende Schuttflanke 30 m hinauf, dann scharf links über kurze Stufe (Kletterei II) zum *Bivacco Money* (2872 m, 8 L).

Torre del Gran San Pietro von Westen (Luftaufnahme)

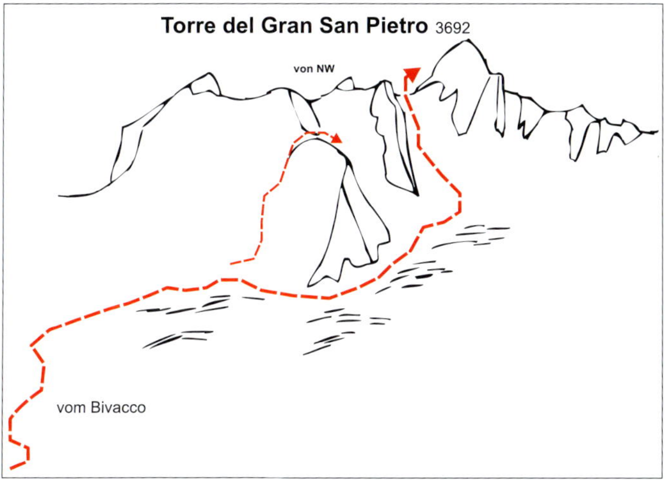

Gipfelaufstieg: Vom Bivacco hinab zum Moränenhang und auf den Ghiacciaio del Coupé di Money. Einige hundert Höhenmeter aufsteigen bis unter Felsinseln vor Steilstufe. Rechts (nach S) zum Fußpunkt des Cresta Paganini. Dicht am Fels vorbei – die Spalten vermeidend – hinüber auf den Ghiacciaio di Money. Diesen hinauf ins obere Gletscherbecken. (Wenn die Passage zu zerschrundet ist, nördlich vom Cresta Paganini aufsteigen und über den Sattel zwischen diesem und Torre del Orso hierher.) Im breiten WNW-Couloir (oder links über Felsen) zum Schneesattel Colletto del Gran Pietro. Links des N-Grates in der O-Flanke zum Gipfel.

Aussicht: Im Westen imponierend die Gletscherflanke des Gran Paradiso

Nebengipfel: Nördlich vom Colleto der gleichfalls felsige, wenig selbstständige **Torre di San Andrea** (3651 m)

PD II

6 Std.

1550 mH

82 Ciarforon, 3642 m (348 mPr)

Der Eisdom gegenüber vom Rifugio Vittorio Emanuele II

Schwierigkeiten: **PD**, mit Kletterstellen II
Mühen: Hüttenaufstieg 800 mH (2 Std.), Gipfelaufstieg 750 mH (3 Std.)
Gefahren: Ein für Erfahrene gut kalkulierbarer vergletscherter Berg
Freuden: Ein landschaftlich schöner Aufstieg
Spezialführer, Karte: → siehe **Grivola**

Der ansehnlichste südliche Trabant des Karawanengipfels Gran Paradiso.

Anreise: Mit Auto von Villeneuve im Val Aosta nach Süden durch das Valsavarenche über Degioz (1540 m) hinauf nach *Pont* (1945 m, P)

Hüttenaufstieg: Vom Riesenparkplatz nach O breiten Steig hinauf zum *Rifugio Vittorio Emanuele* (2732 m, alte Hütte 2775 m; CAI Turin, 126 + 58 L, April–Sept., Tel. 0039/0165/951 03 bzw. 80 99 93 oder 84 65 05)

Gipfelaufstieg: Nach SO hinab zum Gletscher Ghiacciaio di Moncorvé. Daneben nach O aufsteigen bis etwa 2950 m. Nun nach S auf dem Gletscher in Richtung Col di Moncorvé ansteigen. Noch vor diesem nach rechts hinauf zum Nordostgrat. Am Grat, Felsköpfe rechts umgehend, zur markanten Steilstufe. Dort gerade, steil, aber griffig (II) hinauf zur großen Schulter. Am Grat oder direkt über den Eishang zum Gipfel.

Aussicht: Im NO hinter La Tresenta Granitwände Becco di Moncorvé

Andere lohnende Routen: Die Nordwand ist eine beliebte Eistour – wenn sie noch nicht ausgeapert ist.

Nachbargipfel: Die hübsche Pyramide **La Tresenta** (3609 m, 264 mPr) über den Westgrat: leicht und beliebt (F, ab Hütte 900 mH, 3 Std.)

Nordwestliche Grajische Berge

Die westlich der Paradisogruppe gelegenen Berge des Grenzkammes.

Almhütte östlich unter dem Col de l´Iseran

83 Aiguille de la Grande Sassière, 3747 m (1139 mPr)

Der westliche Eckpfeiler der Grajischen Alpen

PD- I !

8 Std.

1480 mH

Schwierigkeiten: Insgesamt **PD-**, mit Firn oder Eis, Kletterstellen I
Mühen: Gipfelaufstieg 1480 mH (5 Std.)
Gefahren: Ernsthafter Berg mit langem, hüttenlosem, aber gletscherfreiem Aufstieg. Im Hochsommer bei starker Ausaperung ohne Firn.
Freuden: Einer der Berge mit eher handverlesenem Publikum
Karte: ign 1: 60 000, Nr. 4 Vanoise, 1:25 000, 3532 ET Mont Pourri
Spezialführer: Alessandro Giorgetta, Alpe Graie Centrali, Guida di Monti d'Italia No. 10, Milano 1985 (CAI/TCI) – darin auch genaue Detailkarten!

So vollgeklotzt das Tal mit Beton und Asphalt ist, so sehr steht dieser Berg im Kontrast dazu: Auf diesen gewaltigen Dreikanter mit seiner felsigen Südseite und seinen eisigen Nordwest- und Nordostflanken hinaufzukommen, das wird den Bewerbern in keiner Weise vorgekaut und zubereitet. An der Grande Sassière ist nach wie vor – wie zu den Zeiten der (unbekannten) Erstbesteiger – der

Aiguille de la Grande Sassière

beachtliche Höhenunterschied vom Tal in einem Zuge zu überwinden. Die früher obligatorische Gletscherpassage ist durch die Klimaerwärmung abhanden gekommen.

Anreise: Von Bourg-St-Maurice auf der N 902 in Richtung Col de l'Iseran bis zu den Bettenburgen von *Tignes les Bosses* (1797 m) am Stausee Lac du Chevril. Asphaltstraße hinauf nach *Saut* (2280 m, Parkplatz vor Speicherbecken, zu Fuß 1:30 Std.).

Gipfelaufstieg: Steig in nördlicher Richtung über Grashänge etwas nach links hinauf, über kurze felsige Passage (I) und dann auf breitem Bergrücken weiter. Ein felsiges Gratstück wird links (W) in der Flanke vermieden, dann über Sattel und zuletzt felsige Stufe (I) zum Westgrat. Über diesen zuerst nur wenig ansteigend, später steiler (30°) über

Firn, später in der Saison auch nur auf mergeligem Zickzacksteig, zum Gipfel. 83

Aussicht: Im Osten Gran Paradiso, im Südwesten Grande Motte und Grande Casse, im Westen gegenüber der Mont Pourri

84 Testa del Rutor, 3486 m (849 mPr)

Der Gletscherberg südlich vom Petit St. Bernard

F I

10 Std.

1800 mH

Schwierigkeiten: **F**, mit Kletterstellen I
Mühen: Gesamtaufstieg 1800 mH (6–7 Std.)
Gefahren: Auch ein Happen Gletscher will immer ernst genommen werden.
Freuden: Eine der ruhigen Berggruppen
Karte: igc carta dei sentieri e rifugi 1:50 000, Nr. 3 Gran Paradiso

Dies ist der Kulminationspunkt der nördlichsten vergletscherten Untergruppe der Grajischen Alpen, 10 km südöstlich vom Petit St. Bernard. Die erste Besteigung gelang Gottlieb Studer, J. J. Weilenmann und Bucher mit G. B. Frassy über die steile Südostseite. Der heutige Normalweg über den leichteren Nordostgrat wurde 1862 durch W. Mathews mit T. G. Bonney und Michel Croz gefunden.

Anreise: Von *Arvier* (780 m, Aostatal) südlich ins Val Grisenche zum Ort *Valgrisenche* (1664 m) vor dem Stausee Lago di Beauregard

Hüttenaufstieg: Vom Westende des Staudammes Sträßchen nach Arp Vielle (2200 m). Steilen Zickzacksteig Nr. 3 (gelb markiert) zum ehemaligen *Rifugio Scavarda*.

Gipfelaufstieg: Entlang der Wasserleitung zum Gletscher Ghiacciaio di Morion. Nach N über weitere Stufe und rechts unter einem vom Grat herabziehenden Felssporn vorbei. Dahinter nach W aufsteigen zum Col del Rutor (3373 m). Nach SW, am breiten Nordostgrat zum Gipfel.

Aussicht: Gran Paradiso im SO

PD III

7 Std.

1600 mH

85 Levanna Centrale, 3619 m (469 mPr)

Auf den felsigen Gratkamm

Schwierigkeiten: Insgesamt **PD**, mit Kletterstellen III
Mühen: Zur Hütte von L'Ecot 750 mH (3 Std.), zum Gipfel 850 mH (4 Std.)
Gefahren: Die Felsen sind nicht übertrieben fest, schon gar nicht bei stärkerer Ausaperung.
Freuden: Eindrucksvoller Gipfelgrat
Karte: ign 1:60 000, No. 4 Vanoise; 1:25 000, 3633 ET Tignes, Val d'Isère

Der lange, dreigipflige Gratkamm (it. auch Levenna) liegt an der Nahtstelle der beiden Nationalparks. Während Ost- und Westgipfel relativ leicht zu erreichen sind, ist der mittlere und höchste Gipfel ein herberes Ziel. Die Erstbesteigung gelang Antonio Gramaglia und Luigi Vaccarone mit Antonio und Domenico Castagneri am 17. August 1875 über die Südseite. Die Durchsteigung der heiklen Felsrippe in der Mitte der Nordostabstürze durch Allessandro, Alfonso, Corradino und Gaudenzio Sella mit den Führern Jean Joseph Maquignaz und J. Bich im Jahre 1881 war für jene Zeit eine beachtliche Leistung.

Anreise: Von Westen von Chambéry Autobahn nach Modane und das Val d'Arc ganz hinauf nach *L'Ecot* (2027 m)

Hüttenaufstieg (von Süden): Von L'Ecot nordwärts Steig zum *Refuge du Carrot* (2760 m, CAF Lyon, 80 L, Juni–Sept., Tel. 0033/479/37 51 64)

Levanna von Südwesten

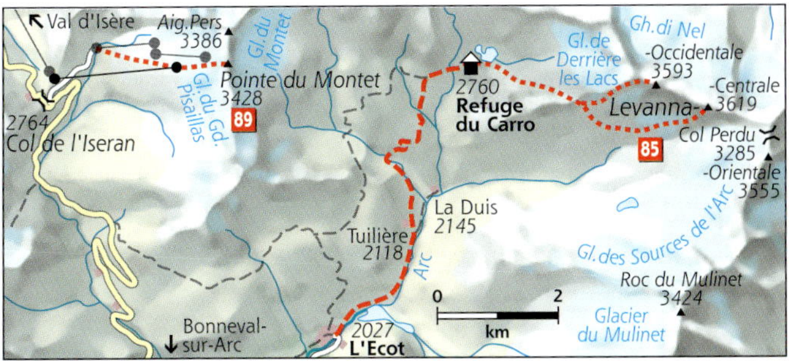

85

Gipfelaufstieg: Nach O über das Col des Pariotes, dann über Moränen und die Reste des Glacier des Trois Becs unter der Levanna Occidentale durch in die Falllinie der Scharte zwischen dieser und der Levenna Centrale. In der gegliederten Felsflanke rechts haltend zum Gipfelgrat. Der höchste Punkt ist erst nach luftiger Querung in der Nordseite von einer Scharte des Südostgrates aus gut erreichbar.

Aussicht: Im Südwesten großartig Albaron und Uia di Ciamarella

Nebengipfel: Die **Levanna Occidentale** (3593 m) ist vom Col des Pariotes über den Blockgrat leicht (F) machbar, die deutlicher abgetrennte **Levanna Orientale** (3555 m) am besten am SW-Grat (F+). **Grande Aiguille Rousse** (3482 m, 360 mPr) vom Refuge Carrot über Col du Montets und Westgrat (PD).

PD II !

11 Std.

1700 mH

86 Tsanteleina, 3605 m (447 mPr)

Der kecke Trabant der Grande Sassière

Schwierigkeiten: **PD**, mit Kletterstellen II
Mühen: Gipfelaufstieg 1700 mH (6–7 Std.)
Gefahren: Ein abgelegener Berg. Die Ausaperung macht die Rinnen der Gipfelflanke nicht sicherer.
Freuden: Ein alpiner Aufstieg für Freunde von echtem Hochgebirge
Karte, Spezialführer: → siehe **Aiguille de la Grande Sassière**

Tourenkarte: → siehe **Aiguille de la Grande Sassière**

So angereichert der Talgrund des Val d'Isère auch mit Beton und Draht und Menschen ist, so übersichtlich ist die Bevölkerung der nebenan unverbaut gebliebenen Bereiche, wo nach wie vor richtig anspruchsvolles Gebirge wartet. Die erste Besteigung unternahmen die Briten T. Blanford, R. C. Nichols, E. P. Rowsell

mit dem Führer Victor Favret und dem Träger Frasseron am 9. August 1865.

Anreise: Von Bourg-St-Maurice über die N 902 nach *Val d'Isère* (1855 m) und zur östlich gelegenen Häusergruppe Le Fornet (1930 m)

Gipfelaufstieg: Oberhalb der Straße auf Steig nach NO am Talhang ansteigen, später nach NW in Zickzacks hinauf zum Plan des Nettes. Nun den Steig verlassen und nach NO ein Tälchen steil hinauf, zuerst über Schutt, weiter oben über Firn oder Eis des Glacier Quart und zuletzt in Firnrinnen oder ausgeapert brüchigen Felsrinnen zum Gipfel.

Aussicht: Nebenan die Aiguille de la Grande Sassière

Andere lohnende Routen: Nordflanke (AD, Firn oder Eis, 45°, 400 m)

Rechts Levanna, in Bildmitte vorn Tsanteleina von der Aiguille de la Grande Sassière

87 Pointe d'Archeboc – Monte Ormelune, 3272 m (442 mPr)

F+ I !

9 Std.

1400 mH

Der Trümmergrat über dem Val des Balmes

Schwierigkeiten: Insgesamt **F+**, mit Kletterstellen I
Mühen: Gipfelaufstieg 1400 mH (6 Std.)
Gefahren: Auch ein geschrumpfter Gletscher hat üblicherweise Spalten.
Freuden: Ruhige Ruhezone
Spezialführer, Karte, Anreise: → siehe **Aiguille de la Grande Sassière**

Der nördlich der Grande Sassière im Grenzkamm gelegene Trümmergrat ist eines der unspektakulären und deshalb spektakulär ruhigen Ziele. Erster dort oben war 1832 ein gewisser Capitain Albert.

Anreise: Wie zur Grande Sassière bis kurz vor Tignes nach La Thuile und Sträßchen nach Osten in Kehren hinauf nach *Le Monal* (1874 m)
Gipfelaufstieg: Nordöstlich das Tal hinauf zur Alm Les Balmes (2285 m). Noch 1 km weiter in Richtung Lac Noir, dann nach N zum Lac Brulet (2697 m). Dort nach NO ansteigen zum übersichtlich gewordenen Glacier Archeboc. Über diesen ostwärts hinauf, in Rinne zu Gratscharte südlich des Gipfels und über Blockgrat zum höchsten Punkt.
Aussicht: Nordöstlich nebenan Testa del Rutor

Wolfsmilch

88 Grande Rousse, 3607 m (416 mPr)

Der Wildnisberg über dem Lac de Beauregard

PD III !

8 Std.

1800 mH

Schwierigkeiten: PD, mit Kletterei bis III
Mühen: Hüttenaufstieg 1050 mH (3 Std.), Gipfelaufstieg 750 mH (4 Std.)
Gefahren: Einsame, ursprüngliche Landschaft mit Gletscher und nicht abgekletterten Fels, nur für Erfahrene genießbar
Freuden: Wildnis pur!
Karte, Spezialführer: → siehe **Grande Sassière**
Anreise: → siehe **Testa del Rutor**

Neben all den Besuchermagneten garantiert dieser beachtliche höchste Gipfel des Bergkammes zwischen Val di Rhêmes und Val Grisenche trotz einer Biwakschachtel Ruhe und Abgeschiedenheit, aber auch Ernsthaftigkeit einer jeden Unternehmung. Die erste vollständige Besteigung – und zugleich Überschreitung – des Berges gelang erst am 4./5. August 1874 den Italienern L. Barrale, A. Gorret und A. Martelli mit den Führern G. G. Maquignaz und S. Meynet. Die gletscherfreie Variante des heute üblichen Normalweges fanden W. A. B. Coolidge und sein Führer Christian Almer junior 1885.

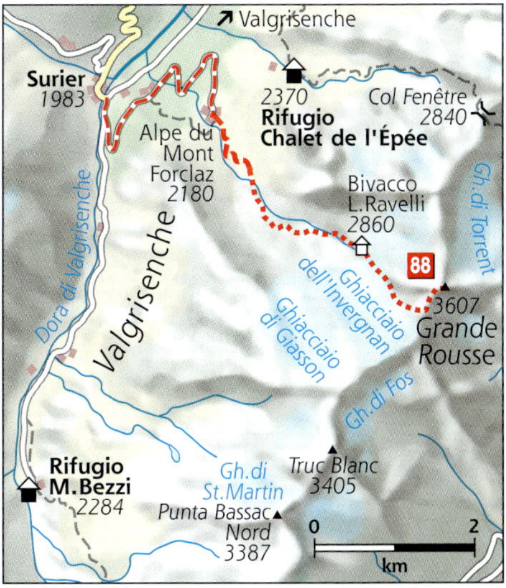

Anreise: Mit Auto wie zum Testa del Rutor ins Val Grisenche. Darin ganz hinauf zum Ende des Stausees Lac de Beauregard nach *Surier* (1900 m).

Hüttenaufstieg: Nach O Steig durch Wald hinauf zur Alpage Mont Forclaz (2180 m). Östlich vom Bach das Tal weiter nach SO hinauf zum *Bivacco L. Ravelli* (2860 m, 6 Lager, Wasser am Gletscher).

Gipfelaufstieg: Hinauf zum oberen Ende der Moräne. Nach rechts empor zum nördlichen Rand des Gletschers. Dort aufsteigen zum P. 2921 am Fuß eines vom Gipfelgrat nach NW herabziehenden Felssporns. Südseitig einsteigen und nahe am Gletscher bleibend

88 und Rinnen querend schräg empor, eine Felsnadel rechts umgehend, zum Colle della Grande Rousse (3516 m). Am luftigen Felsgrat (II) über zwei Stufen (III) zum Gipfel.

F I

0:45 Std.
P: 3 Std.

100 mH
700 mH

89 Pointe du Montet, 3428 m (258 mPr)

Der Felskopf über der Karikatur eines Naturschutzgebietes

Der an sich hübsche Felskopf hat ein reichlich verdrahtetes Umfeld. Vom Col de l'Iseran nordwärts die Piste zum Parkplatz. Über den als Rutschbahn eingerichteten Glacier du Grand Pissaillas mit oder ohne Dienstleistung der Steighilfen zum oberen Rand des Firns. In Couloir zum Gipfel.

Pointe du Montet

Zentrale Grajische Berge – Vanoise

Dieser zentrale Teil der Grajischen Alpen entspricht etwa der Fläche des Parc National de la Vanoise und der ihm als Pufferzone zugeordneten Naturschutzgebiete.

90 La Dent Parrachée, 3697 m (1180 mPr)

Der prominenteste Gipfel des Vanoise

PD II

7 Std.

1640 mH

Schwierigkeiten: Insgesamt **PD**, mit Kletterstellen II
Mühen: Hüttenaufstieg 440 mH (1:30 Std.), Gipfelaufstieg 1200 mH (4 Std.)
Gefahren: Bei Neuschnee unerquicklich
Freuden: Einer der großen Berge des Vanoise
Karte: 1:60 000, No. 4 Vanoise; 1:25 000, 3534 OT Trois Vallées
Spezialführer: Nichts Aktuelles auffindbar

Ein mächtiger Felsberg ist das und besonders von der anderen Seite des Val d'Arc überzeugend als dominierende Berggestalt erkennbar.

Anreise: Von Modane (Westportal Fréjus-Tunnel) nach *Aussois* (1483 m)

Hüttenaufstieg: Auf dem Sträßchen »route des barrages« zum oberen der beiden Staudämme (bis hier für Pkw frei). Am Westufer des Sees Plan d'Amont zu seinem Nordende, hinauf zum Fernwanderweg GR 5 und auf diesem ostwärts zum Refuge de la Fournache (2330 m). Nun nach NW hinauf zum *Refuge de la*

La Dent Parrachée vom Col Mont Cenis

Dent Parrachée (2511 m; CAF Chambéry, 30 L, Juni–Sept., Tel. 0033/479/20 32 87, Tal 0033/479/20 36 81).
Gipfelaufstieg: Nach NO das Tal hinauf. Oben links (NW) in Couloir zum Col de la Dent Parrachée (3338 m). Am SW-Grat, einen Gendarmen links (W) umgehend, zum Gipfel.
Aussicht: Pointe de l'Echelle im W, im NO Glacier de la Vanoise

PD+ !

45° !

8 Std.

2050 mH

91 Mont Pourri, 3779 m (1127 mPr)

Gletscherberg mit Kaleidoskop an Überraschungen

Schwierigkeiten: Insgesamt **PD+**. Zerrissener Gletscher sehr von den Verhältnissen abhängig, bei starker Ausaperung eher ungenießbar.
Mühen: Hüttenaufstieg 850 mH (3 Std.), Gipfelaufstieg 1200 mH (5 Std.)
Gefahren: Gletscherspalten und Wechten. Kritische Prüfung vorgefundener Spuren ist immer ratsam. Wegen der Neigung der Flanke nach Westen ist der Firn so freundlich, erst relativ spät am Tage aufzuweichen. Nur etwas für hochalpin rundum erfahrene Seilschaften, die mit der Spaltenbergung auch vertraut sind.
Freuden: Ein Berg nach dem Landknechtsmotto »Viel Feind, groß Ehr«
Karte: ign 1:60 000, No. 4 Vanoise; 1:25 000, 3532 ET Mont Pourri

Der Mont Pourri ist der große Berg zwischen Val d'Isère und Val Ponturin. Seine Gletscherschleppen sind zwar geschrumpft, aber die Ausaperung macht die Spaltenbrücken dünner und seltener und damit die Labyrintheffekte schärfer und das Unternehmen

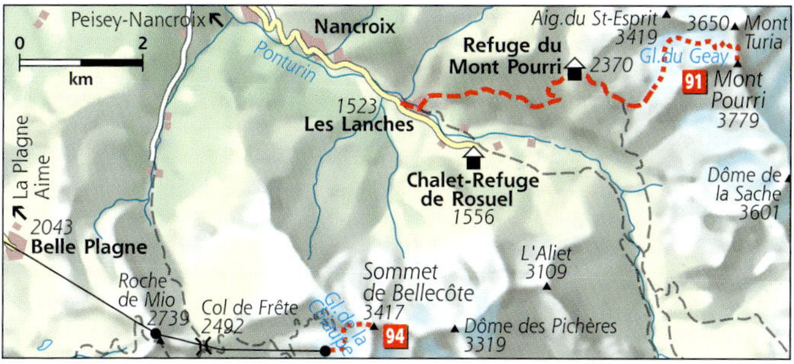

91

ernster. In dieser Hinsicht hatte Michel Croz es bei seiner Erstbesteigung im Jahre 1861 noch besser.

Anreise: Von Landry (Val d'Isère) hinauf nach *Les Lanches* (1524 m)

Hüttenaufstieg: Nach NO Steig hinauf zum *Refuge du Mont Pourri* (2370 m; CAF Chambéry, 56 L, Juni–Sept., Tel. 0033/479/07 90 43, 0033/611/10 02 05). (Der Zugang von N vom Skizentrum Arc 2000 über Col de La Chal ist kürzer, aber hässlich mit Liften zugebaut.)

Gipfelaufstieg (W-Flanke): Steig nach SO zur alten Hütte. Dann 400 mH auf Seitenmoräne zum Gletscher Glacier du Geay. Diesen im Bogen nach Norden hinauf. Durch wüst zerschrundete Zone zu flacherer Passage, danach noch einmal sehr steil zum Gipfelaufbau. Die Details sind je nach aktuellen Verhältnissen selbst zu suchen.

Aussicht: Im N das Massiv des Mont Blanc, im S die Grande Casse

92 Grande Casse, 3852 m (1082 mPr)

Der anspruchsvolle Kalkklotz über dem Col de la Vanoise

Schwierigkeiten: **PD**, Gletschertour, auf strammen 400 mH satte 45° steil
Mühen: Zur Hütte ab Bergbahn zum Mont Bochor 500 mH (2 Std.) bzw. von Pralognan Fontanettes 900 mH (3 Std.); zum Gipfel 1200 mH (5 Std.)
Gefahren: Ein Berg nur für gestandene Hochtourengeher, an dem früh aufzubrechen und nicht zu bummeln die beste Gefahrenabwehr bleibt
Freuden: Ein anspruchsvoll-exklusives Unternehmen
Karte: Carte ign 1:60 000, No. 4 Vanoise; 1:25 000, 3534 OT Tignes

PD !
45° !
8 Std.
1700 mH

Der aus grauem Kalk aufgebaute Berg liegt nördlich gegenüber der in Nord-Süd-Richtung längs gestreckten Eiskappe des Glacier de la Vanoise, der den größten verbliebenen Plateaugletscher der Al-

92

pen bildet. Die Erstbesteigung des Gipfels erfolgte 1861 durch den Briten W. Mathews mit dem Führer Michel Croz (der 1865 nach der Erstbesteigung des Matterhorns beim Abstieg wegen eines überforderten Klienten abstürzte).

Anreise: Von Moûtiers (Val d'Isère) über Planay nach *Pralognan-le-Vanoise* (1418 m) zum Ortsteil Fontanettes (1644 m)

Hüttenaufstieg: Von Fontanettes (oder ab Bergbahn Mont Bochor, 2023 m) nach NO zum *Refuge du Col de la Vanoise* (2517 m; CAF Vanoise Tarentaise, 152 L, Juni–Sept., Tel. 0033/479/08 25 23 oder 0033/479/55 32 25)

Gipfelaufstieg: Von der Hütte nach NO Pfad zum Lac Long. Moränen zum Glacier des Grands Couloirs. Den meist aperen unteren Teil ganz links hinauf zum flacheren Mittelteil. Langen, steilen Firn- oder Eishang (45°) zum Col des Grands Couloirs. Am WSW-Grat (oft Wechten) zum Gipfel.

Auf der Aiguille de Grande Sassière, rechts Mont Pourri, links Bellecôte

93 Grand Roc Noir, 3582 m (818 mPr)

Schuttberg mit schroffer Gipfelzacke

F+ II

10 Std.

1950 mH

Schwierigkeiten: Insgesamt **F+**, mit Kletterstellen II
Mühen: Gipfelaufstieg 1950 mH (6 Std.)
Gefahren: Ein gletscherfreier Aufstieg
Freuden: Ein Hatsch mit Ambiente
Karte: ign 1:60 000, No. 4 Vanoise; 1:25 000, 3633 Tignes, Val d'Isère

Grand Roc Noir von Süden

Der höchste Berg an der Nordflanke des oberen Val d'Arc.
Anreise: Von Chambéry Autobahn bis Modane. Vor dem Tunnel im Val d'Arc bleibend auf der D 902 über Bramans, Termignon, Lanslebourg und Lanslevillard zum Col de la Madeleine nach *Le Collet* (1752 m).
Gipfelaufstieg: Dem Steig GR 5 folgend insgesamt nordwärts hinauf zum *Refuge du Vallonbrun* (2200 m). Dem GR 5 nach west-

wärts 2,5 km die Hänge queren zum Taleinschnitt, der vom Grand Roc Noir herabzieht. Nun auf Pfad zuerst auf der östlichen Seite, weiter oben auf der westlichen hinauf, eine Steilstufe überwinden und in weniger steilem Gelände zum »Pierre aux pieds«. Östlich vom Talgrund über Schutt und Firn hinauf zum Fuß des steilen Gipfelaufbaus. Kamin der Südostseite zum Gipfel.

Aussicht: Im Westen jenseits des Tales der Glacier de la Vanoise

F+ I

2:30 Std.

400 mH

94 Sommet de Bellecôte, 3417 m (812)

Der Seilbahnberg gegenüber vom Mont Pourri

Schwierigkeiten: Insgesamt **F**, einige Stellen I
Mühen: Gipfelaufstieg 400 mH (1:30 Std.)
Gefahren: Zahnlos gemachter Gletscher
Freuden: Hoch gelegener Ausguck
Karte: ign 1:60 000, No .4 Vanoise

Wer große Schließfächer für Menschen baut, der baut ihnen auch Bahnen. Der bequemste Weg zu diesem Gipfel nutzt solche. Für Leute mit Vorliebe für weniger frequentierte Aufstiege bleibt der alte Normalweg von Süden vom Refuge de Plaisance (2184 m, von dort Schwierigkeit PD).

Vom Val d'Isère im Touristenkomplex Plagne zur Seilbahnstation *Plagne Bellecôte* (2000 m). Ab Bergstation über den platt gemachten Gletscher Glacier de la Chiaupe nordostwärts links haltend zum Westgrat und daran überwiegend auf der Nordseite gestuft zum Gipfel.

Sommet de Bellecôte von Osten vom Col de l'Iseran

95 Aiguille de Péclet, 3561 m (765 mPr)

Der Doppelgipfel hoch über Modane

F II

4 Std.
7 Std.

500 bzw 1100 mH

Schwierigkeiten: **F**, mit Kletterstellen II
Mühen: Von W und S Gipfelaufstieg 500 mH (2 Std.), von O und N Hüttenaufstieg 700 mH (2 Std.), Gipfelaufstieg 1100 mH (4 Std.)
Gefahren: Die Gletscher sind bei beiden Aufstiegen ernst zu nehmen.
Freuden: Ein im Gipfelbereich auch von Westen durchaus schönes Ziel
Karte: → siehe **Dent Parrachée**

Dieses Bergmassiv ist ein trauriges Beispiel dafür, dass auch ein etablierter Nationalpark keine Garantie für die intakte Erhaltung eines Gebirges ist. Der geballte Druck von Tourismusbranche und Betonmischern hat hier erreicht, dass dieses Massiv von Westen her von Bahnen und Liften angefressen wurde und die Gletscher mühelos zugänglich gemacht wurden. Die Besucherzahlen steigert das – ein nationalparkwürdiges Gebirgserlebnis nicht. Immerhin ist der Glacier de Chavière zu ernsthaft, um für eine Präparierung als Piste herzuhalten. Wer den Berg in einem naturnahen Zustand erleben will, der geht ihn besser von Osten vom Refuge de Péclet Polset her an (Alternative s. u.). Die erste Besteigung der Aiguille de Polset gelang 1861 dem Briten W. Mathews und Begleitern, die der höheren Aiguille de Péclet 1878 dem Briten W. A. B. Coolidge und Gefolge.

95

Anreise: Für den Seilbahnaufstieg vom Val d'Isère von Moûtiers nach Süden zum Touristenzentrum *Val Thorens* (2320 m). Für den Aufstieg von Nordosten von *Pralognan* (siehe Grande Casse) zum Parkplatz Pont de Pêche (1764 m) oder von Süden westlich von *Modane* von St. André Sträßchen zum Refuge de l'Orgère (1935 m).
Gipfelaufstieg von Südwesten: Von Val Thorens mit dem Telesiège de la Moraine zum Glacier Thorens (2800 m). Ein weiterer Lift bietet sich für den Aufstieg zum oberhalb gelegenen Sattel an (3105 m). Nun zuerst nach NO und N, dann nach O über den Glacier de Chavière zum Col de Gébroulaz (3434 m). Am felsigen SO-Grat auf die Aiguille de Péclet.
Aufstieg von Osten: Von Pont de Pêche das Tal nach SW hinauf zum *Refuge de Péclet Polset* (2474 m; CAF Vanoise Tarentaise, 80 L, Juni–Sept., Tel. 0033/663/68 46 92, hierher auch von S vom Refuge de l'Orgère). Von dort zuerst nach NW bis vor das Col du Soufre, dann nach S am Rand der Gletscherzunge zum den Gletscher teilenden Felssporn P. 2943. Nun über den Glacier de Gébroulaz aufsteigen (Spalten!) und zwischen einem aus dem Grat aufragenden Felsgrat (rechts) und einer kleineren Felsinsel (links) hinauf zum Sattel zwischen Dôme de Polset (3501 m) und Aiguille de Polset (3531 m). Über die Aiguille de Polset hinweg zum Sattel Col de Gébroulaz (3434 m). Am SO-Grat auf die Aiguille de Péclet.
Aussicht: Im Nordosten der ausgedehnte Glacier de la Vanoise
Nebengipfel: Vom Col de Gébroulaz aus sind **Aiguille di Polset** (3531 m) und **Dôme de Polset** (3501 m) rasch und leicht zu erreichen.

96 Pointe de l'Echelle, 3422 m (506 mPr)

Felsberg im Schatten der Dent Parrachée

F	I
P	7 Std.
	1400 mH

Schwierigkeiten: **F**, mit Kletterstellen I
Mühen: Gipfelaufstieg 1400 mH (4 Std.)
Gefahren: Gletscherfreier Berg
Freuden: Ausguck
Karte, Anreise, Hütte: → siehe **La Dent Parrachée**

Der felsige Berg westlich gegenüber der Dent Parrachée. Er kann gut vom Tal aus bestiegen werden. Wer den Aufstieg über den Nordgrat wählt, dem dient das Refuge du Fond d'Aussois als Stützpunkt.

96

Gipfelaufstieg: Von der Mitte des Westufers des Plan d'Amont in Tälchen nach W hinauf, den GR 5 queren und weiter hinauf zum Col de la Masse (2932 m). Nun nach N aufsteigen zum Grand Roc (3316 m) und am nach links biegenden Grat von Südosten zum Gipfel.
Aussicht: Sowohl zu den Gletscherwelten im Nordosten hinter der Dent Parrachée als auch im Westen zu denen der Péclet-Polset-Gruppe
Andere Routen: N-Grat vom Col de la Croix (PD, II, 5 Std. ab Hütte)

97 Grande Motte, 3653 m (401 mPr)

Der Seilbahnberg mit dem U-Bahn-Start

F I

1:15 Std.

200 mH

Schwierigkeiten: Insgesamt **F**
Mühen: Ab Bahn Gipfelaufstieg 200 mH (0:45 Std.)
Gefahren: Wer gesundheitlich nicht wirklich fit ist, den kann die rasche Fahrt in die beachtliche Höhe bedrohen. Für den Gipfel sind Steigeisen und Eispickel nötig.
Freuden: Ein Häppchen Gipfelrücken
Karte, Anreise: → siehe **Grande Casse**

Auch dies war einmal ein richtig zünftiger Berg. Hélas! – Von Tignes nach S hinauf zur Betonklotzversammlung *Val Claret* und zur Station (2107 m). Nach Fahrt mit Tunnelbahn und Luftseilbahn von der an den Nordwestgrat geklebten Bergstation über den nach wie vor mit Eis ausgestatteten Bergrücken zum höchsten Punkt. **Aussicht**: Grande Casse!

Grande Motte vom Col de l'Iseran

Südöstliche Grajische Berge

Dies sind die Berge östlich des Vallée d'Arc und im Grenzkamm von der Levanna bis zum Col du Fréjus. Dieser Führer folgt damit der üblichen Einteilung und nicht dem italienischen Spezialführer, in dem die südlichsten von diesen Bergen den Cottischen Alpen zugerechnet werden.

PD III **!**

11 Std.

2000 mH

98 Pointe du Charbonnel, 3751 m (1139 mPr)

Der spröde Riese mit den zwei Gesichtern

Schwierigkeiten: Insgesamt **PD**, mit Kletterstellen III
Mühen: Zur Hütte 400 mH (1:30 Std.), Gipfelaufstieg 1600 mH (6 Std.)
Gefahren: Einsame Schuttschrofen, aber im Sommer aper

Freuden: Einer der großen selbstständigen Berge der Westalpen
Karte: ign 1:60 000, No. 4 Vanoise; 1:25 000, 3633 ET, 3634 OT Val Cenis
Spezialführer: CAI Berotto – Fornelli, Alpi Graie Meridionali, Milano 1980

Der nordwestseitig vergletscherte Berg ist eines der Schaustücke der Grajischen Alpen. Die Pointe du Charbonnel wurde am 17. Juli 1862 zwecks Aufstellung eines Vermessungssignals durch die Talbewohner Michel-Ange Fodéré, Michel-Antoine Boniface sowie Jacques und Marcellin Personnaz erstmals bestiegen. Sie brachen um 1 Uhr in Bessans auf, trennten sich im Val Ribon. Zwei von ihnen wählten die Westflanke und den oberen Teil des Nordwestgrates als Route, während die anderen über das Col d'Ouille Mouta und den Südostgrat aufstiegen. Um 11:30 Uhr trafen beide Gruppen am Gipfel ein. Alpinistisch wird vor allem die eisige Nordwestflanke emp-

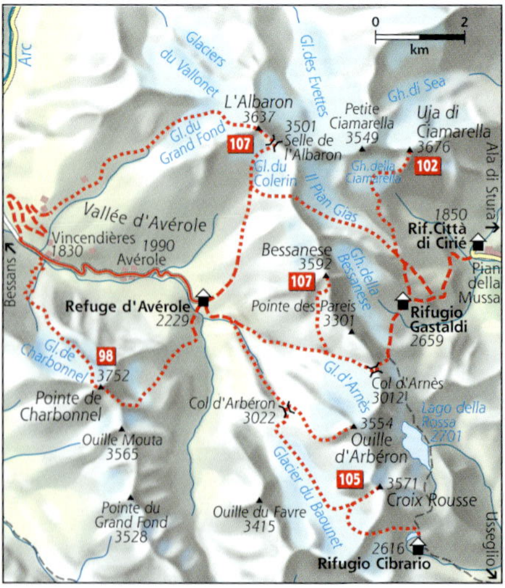

fohlen, die der Brite W. A. B. Coolidge mit Vater und Sohn Almer bereits am 10. Juli 1876 erstmals durchstieg.

Pointe du Charbonnel von Nordwesten

Anreise: Vom Val d'Arc 2 km nordöstlich von *Bessans* (1705 m) nach SO in das Seitental hinauf zum Parkplatz (1809 m) vor Vincendières (1830 m)

Hüttenaufstieg: Zu Fuß hinauf über Vincendières nach Avérole und weiter zum *Refuge d'Avérole* (2210 m, CAF Lyon, 88 L, März–Mai und Juni–Sept., Tel. 0033/479/05 96 70 oder 0033/479/05 37 86)

Gipfelaufstieg: Steig im Talgrund zur Kapelle St. Antoine d'Envers, dann nach SW das Seitental mühsam und teils über Schrofen hinauf (hier und da Steigspuren) zum Kar (3025 m) unter der Ostflanke. Schräg links weiter zum Col d'Ouille Mouta (3431 m, auch vom Val Ribon durch ein Seitental ebenso mühsam erreichbar). Nun über Schutt zum SO-Grat. Die brüchigen Zacken werden links (S) auf der Höhe der Scharten umgangen. An Rinne hinauf zum Vereinigungspunkt von SO-Grat und S-Flanke. An einem gelblichen, fast senkrechten Riss 30 m schräg links hinauf, danach rechts über delikate Platte zum SO-Grat zurück. Am Grat zum Gipfel.

Aussicht: Im Nordosten gegenüber Albaron und Uia di Ciamarella

Andere lohnende Routen: Die gewaltige Nordwestflanke ist eine ernsthafte, sehr lange, bei gutem Firn großartige Eistour (PD+, bis 50°, Beginn gegenüber Parkplatz 1809 m, zuerst westlich der großen Rinne, später nach links und in der Flanke zum W-Grat oder direkt zum Gipfel).

99 Pierre Menue – Aiguille de Scolette, 3508 m (1074 mPr)

PD- II

P 8 Std.

1510 mH

Die Felspyramide hoch über dem Lac de Rochemolles

Schwierigkeiten: **PD-**, mit Kletterstellen II
Mühen: Gipfelaufstieg 1510 mH (5 Std.)
Gefahren: Sind hier übersichtlich.
Freuden: Ausguck an der Südflanke des Parc Nationale du Vanoise

Karte: ign 1:60 000, No. 4 Vanoise; 1:25 000, 3634 OT Val Cenis; 1:50 000, ign sentieri e rifugi Valli di Lanzo
Spezialführer: CAI Aruga/Losana/Re, Alpi Cozie Settentrionali, 1985

Elegant geschnittener Felsberg östlich vom Autobahntunnel Fréjus, auch von Norden rasch erreichbar. Das Sträßchen zum südseitig aufgestauten Lac de Rochemolles spart Zustiegsmühen. Erste Besteigungsversuche wurden am schwierigen Südwestgrat unternommen. Sie scheiterten mehrfach an abweisenden Zacken wenige Meter unterhalb des Gipfels. Erst der Versuch des Ausweichens zum Nordwestgrat führte am 3. August 1875 Martino Baretti mit den Führern Pietro Medail und Augusto Sibille erfolgreich zum höchsten Punkt.

Anreise: Von Bardonecchia (1258 m) spartanisch gestaltetes Sträßchen nach NO hinauf zum Stausee Lac de Rochemolles (2001 m)

Gipfelaufstieg: Über den Damm und jenseits nach NW alten Steig hinauf zum Colle de Pelouse (2797 m, auch von N von den Chalets de Longe Côte, 2013 m, erreichbar). Nun nach NO am Blockgrat, Hindernisse links umgehend, zum Passo Balapore (2854 m). Am Südwestgrat bis zum schroffen Gipfelaufbau. Dann schräg links diagonal ansteigend die Westflanke über Schutt und Platten zum Nordwestgrat, den man oberhalb von zwei markanten Zacken erreicht. Am brüchigen Grat luftig zum Gipfel.

Aussicht: Im Südosten beherrschend der Monviso

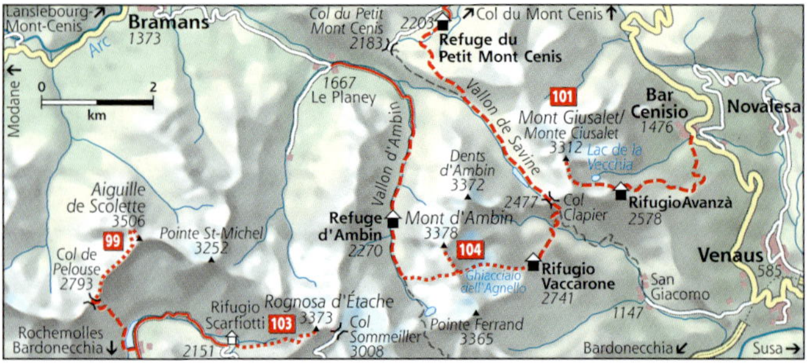

100 Punta Clairy – Signal du Petit Mont Cenis, 3163 m (979 mPr)

Der Schrofenberg über dem Petit Col du Mont Cenis

F+ I

P 5 Std.

1000 mH

Schwierigkeiten: F+, mit Kletterstellen I
Mühen: Gipfelaufstieg 1000 mH (3 Std.)
Gefahren: Trittsicherheit erforderlich
Freuden: Schöne Aussicht
Karte, Spezialführer: → siehe **Pierre Menue**

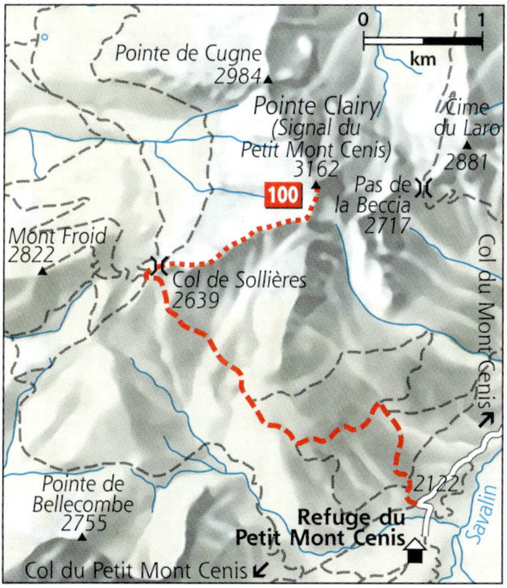

Der westliche Eckpfosten über dem uralten Alpenübergang Col du Mont Cenis ist ein moderater Aussichtsberg. Von der Passhöhe des Col du Mont Cenis am Westufer des Stausees Lac du Mont Cenis (1974 m) Piste südwärts bis zum *Refuge Petit Mont Cenis* (2153 m). Nun nach Westen hinauf zum Sattel Col des Sollières (2639 m). Von dort am Südwestgrat, oben Zacken links umgehend, zum Gipfel.

Punta Clairy vom Refuge Petit Mont Cenis

F

3 Std.

1800 mH

101 Mont Ciusalet, 3312 m (835 mPr)

Der Grenzgipfel über dem Col du Mont Cenis

Schwierigkeiten: Insgesamt **F**
Mühen: Hüttenaufstieg 1100 mH (3 Std.), Gipfelaufstieg 700 mH (2 Std.)
Gefahren: Normalerweise friedliche Gegend
Freuden: Ein Dreitausender mit Weg
Karte, Führer: → siehe **Pierre Menue**

Tourenkarte: → siehe **Pierre Menue**

Behäbiger, nordseitig noch mit einem Gletscherchen dekorierter Gipfel südlich vom Lac du Mont Cenis. Gut als Tagestour möglich. Von der südseitig an der Passstraße gelegenen, früher als Zollstation wichtigen Ort *Bar Cenisio* (1483 m) nach Süden Steig über den Rio Berta, dann über bewaldete Hänge und eine Schlucht querend zu den Häusern Grange Marzo (2014 m) und nun nach SW hinauf zum *Rifugio Avanza* (2574 m, Pro Loco Venaus, 30 L, August und Wochenenden Juni–Sept., Tel. 0039/0122/53 30). Steig nordwestwärts zum Lago della Vecchia (2670 m) und recht monoton über Schutthänge links des Südostgrates zum Gipfel.

PD I

7 Std.

1800 mH

102 Uia de Ciamarella, 3676 m (689 mPr)

Der Eisgipfel über dem Talschluss der Lanzotäler

Schwierigkeiten: **PD**, mit Kletterstellen I
Mühen: Hüttenaufstieg 850 mH (2 Std.), Gipfelaufstieg 1150 mH (4 Std.)
Gefahren: Ein Gletscherberg verlangt immer sowohl Erfahrung als auch angemessene Ausrüstung und Vorsicht.
Freuden: Ein vielseitiger Anstieg
Karte, Führer: → siehe **Charbonnel**

Der östlich des Grenzkammes ganz auf italienischem Gebiet gelegene Gletschergipfel wurde durch A. Tonini mit Ambrosini am 31. Juli 1857 über die Südwestseite erstmals erreicht. Die 1500 m hohen Südabstürze durchstiegen Guido Rey mit A. und G. Castagneri erstmals im September 1883. Die beste Nordwandroute eroberten E. Ferreri und W. Levi 1922.

Anreise: Mit Auto von Volpiano (nördlich von Torino) über Lanzo – Ceres – Balme zum Ende des Sträßchens (1787 m), unweit *Rifugio Città di Ciriè* (1850 m, CAI Ciriè, 25 L, Juni–Sept., Tel. 0039/0123/82 00 08)

Uia de Ciamarella mit der felsigen Südflanke

Hüttenaufstieg: Nach SW steilen Steig über Bergsporn zum *Rifugio Gastaldi* (2659 m; CAI Torino, 69 L, Juni–Sept., Tel. 0039/0123/56 50 08)

Gipfelaufstieg: Von der Hütte auf Steig nach N, von einem Sattel an der Seilbahn vorbei absteigend um den Felssporn Rocce delle Vigne herum, dann zum Gletscher Pian Gias (hierher auch direkter Steig vom Tal). Den Gletscher queren und auf dem östlich gelegenen Moränenrücken ansteigen zum Gletscher Ghiacciaio Ciamarella. Mit weitem Linksbogen Eisbrüche umgehend zum oberen flachen Gletscherbecken. Rechts zur Mitte der SW-Flanke des Gipfelaufbaus. Felsigen Aufschwung schräg rechts umgehen, dann links, rötlichen Zacken links umgehen und zum Gipfel.

Aussicht: Eindrucksvoller Blick auf die Gletscher des Grenzkammes

Andere lohnende Routen: Südwand (AD, Stellen III und IV, 1500 mH)

F+ II !

P 8 Std.

1240 mH

103 Rognosa d'Etache, 3382 m (601 mPr)

Der Quarzitzacken über dem Rifugio Scarfiotti

Schwierigkeiten: F+, mit Kletterstellen I
Mühen: Hütte per Auto erreichbar, Gipfelaufstieg 1240 mH (4:30 Std.)
Gefahren: Die nordseitige Route ist nur ratsam, wenn sie schneefrei ist. Die etwas schwierigere, aber griffige Südostwand (PD) apert rascher aus.
Freuden: Interessanter Klettergipfel
Karte, Spezialführer, Anreise: → siehe **Pierre Menue**

Höchster Punkt des schroffen Grates ist der Südwestgipfel. Er wurde von Felice Montaldo mit Augusto Sibille 1875 erstmals bestiegen.
Gipfelaufstieg: Vom östlich oberhalb des Stausees gelegenen *Rifugio Scarfiotti* (2156 m; CAI Torino, 24 L, Juli–Aug., Tel. 0039/0122/90 18 92) über den Bach und jenseits Pfadspuren (EPT 728) in Richtung Bric de Mezzodi. Steile Schutt- und Grashänge über Steilstufe hinauf. Danach rechts zu kleinem See im Val Rognosa. In diesem Tal rechts der Schlucht und links von schwarzen Felsen über Schutthang aufsteigen. Dann oberhalb der schwarzen Felsen auf Schutt schräg nach rechts. So gelangt man zum Fuß eines kleinen Felsgrates, der den tiefsten Punkt der großen Felsbastion bildet, die vom Grenzgrat teils überhängend herabzieht. Rechts von diesem Grat hinauf zu dem Schuttgürtel und den brüchigen Felsen oberhalb der Bastion. Von hier am besten über den Grat rechts der großen Schneeschlucht hinauf zur Scharte zwischen den Gipfelzacken.
Aussicht: Nahblicke auf steile Felstürme
Andere lohnende Routen: Südwestgrat (AD, guter Fels bis III, 5 Std.)

Rognosa d'Etache von Südwesten

104 Rocca d'Ambin, 3382 m (506 mPr)

Der Berg über der an den Pionier erinnernden Hütte

Schwierigkeiten: Insgesamt **F**
Mühen: Zur Hütte 670 mH (3:30 Std.), Gipfelaufstieg 650 mH (2:30 Std.)
Gefahren: Der Gletscher kann bei Ausaperung heikel werden.
Freuden: Ein landschaftlich großartiges Unternehmen
Karte, Spezialführer, Anreise: → siehe **Punta/Pointe Clairy**

F | I

4 Std.

1350 mH

Das schroffe und nord- und ostseitig vergletscherte Massiv liegt südlich vom Col du Petit Mont Cenis. Sein südlicher Sockel wird vom Höhenweg Alta Via gequert. Die Hütte ist dem Pionier und ersten Führerautor Luigi Vaccarone gewidmet. Die erste Besteigung des Berges erfolgte bereits am 15. August 1823 bei Arbeiten zur Bestimmung eines Breitengrades durch Ingenieure aus Piemont und Österreich. Das Grenzgebiet war bis vor wenigen Jahrzehnten militärisch aufgeladen. Die europäische Einigung hat das obsolet gemacht und die Sperrgebiete für den Tourismus geöffnet. Das Refuge d'Ambin ist eine umgewidmete Militärbaracke.

Rocca d'Ambin, im Vordergrund die Denti d'Ambin, von Norden

104 **Hüttenaufstieg:** Vom Col du Petit Mont Cenis nach Südosten im Vallon Savine zum Col Clapier (2744 m) und im Bogen das Kar hinauf zum *Rifugio Vaccarone* (2743 m; CAI Torino, 24 L, August und Wochenenden Juli–Sept., Tel. 0039/0122/332 26)

Gipfelaufstieg: Über die Moräne und den Gletscher Ghiacciaio dell' Agnello ganz hinauf zum Col dell'Agnello Nord (3090 m). Schuttgrat nach N, die erste Stufe links (W), die zweite rechts (O) umgehen

Aussicht: Im SW bizarr die Rognosa Etiache, im N Tre Denti d'Ambin

Andere lohnende Aufstiege: Das Col dell'Agnello Nord kann auch vom *Refuge d'Ambin* (2267 m, CAF Maurienne, 20 L, Schlüssel in der Schlachterei M. Favre in Bramans, vom Ende der Straße im Val d'Ambin 1 Std.) in 3 Std. durch eine Rinne über Schutt oder Firn erreicht werden.

Nebengipfel: Die weiter nördlich gelegenen Tre Denti d'Ambin sind fast ebenso hoch, verlangen aber längere Zustiege und schwierigere Kletterei.

105 Croix Rousse – Croce Rossa, 3566 m (484 mPr)

F I

8 Std.

1650 mH

Der Hatschberg des Refuge d'Avérole

Schwierigkeiten: Insgesamt **F**, Schutt und Firn, zuletzt steil mit Stellen I
Mühen: Hüttenaufstieg 300 mH (2 Std.), Gipfelaufstieg 1350 mH (5 Std.)
Gefahren: Im Firn sollte man sich für diese Tour unbedingt wohl fühlen.
Freuden: Ein moderater Aussichtsgipfel des Grenzkammes
Karte, Spezialführer, Anreise, Hütte: → siehe **Charbonnel**

Die Karten der Grenzgipfel in diesem Bereich zeigen unterschiedliche Höhenangaben, die es zur Glaubensfrage machen, ob nun tatsächlich dieser Gipfel oder die nördlich davon aufragende Punta d'Arnas (frz. Ouille d'Arbéron) höher ist. Beide sind hübsch anzusehen mit schroff abbrechenden Ostwänden, aber zahmen Westseiten. Die erste Besteigung des Croix Rousse gelang Antonio Tonini im Jahre 1857, die der Punta d'Arnas Leopoldo Barale mit A., B. und G. Castagneri 1873.

Gipfelaufstieg: Vom *Refuge d'Avérole* nach SO, zuerst über den Steig in Richtung Col d'Arnès, dann weglos nach S haltend, zum Col d'Arbéron (it. Col Baounet, 3022 m). Jenseits hinab auf den

105

Glacier du Baounet. Diesen hinauf bis hinter den Fuß des W-Grates. In der SW-Flanke zum Gipfel.

Aussicht: Im Westen der Charbonnel von seiner Schmuddelseite

Andere lohnende Routen: Von der italienischen Seite kann vom *Rifugio Cibrario* (2616 m, CAI Torino, 42 L, Juli–Sept., Tel. 0039/0123/837 37, von Margone, 1410 m, in 3–4 Std. erreichbar) über das Col de Valletta (3207 m) unschwierig der Fuß der Südwestflanke erreicht werden (2 Std.).

Nebengipfel: Die nördlich gelegene **Punta d'Arnas – Ouille d'Arbéron** (3560 m) vom Col d'Arbéron über den breiten Westgrat leicht (F)

106 Pointe de Ronce – Punta Roncia, 3612 m (438 mPr)

Der große Schutthaufen über dem altehrwürdigen Pass

F | I

9 Std.

1700 mH

Schwierigkeiten: F, mit Kletterstellen I
Mühen: Gipfelaufstieg 1700 mH (6 Std.)
Gefahren: Trittsicherheit auf schuttigem Fels nötig, Steigeisen ratsam
Freuden: Ein großer Berg auch zum allein Hinaufsteigen
Karte, Spezialführer, Anreise: → siehe **Pointe Clairy**

Mit der ersten historisch gesicherten Besteigung dieses beachtlichen Bergobjekts durch den mit der Akademie der Wissenschaften von Torino korrespondierenden Naturforscher Robert Cavaliere de Lamanon mit dem Jäger Bouvier am 15. Juli 1784 wurde hier schon zwei Jahre vor der Erstbesteigung des Mont Blanc richtiger Alpinismus betrieben. Die beiden Pioniere stiegen direkt über den unsäglichen Schutt der Südflanke auf. Westgrat und Südostgrat sind empfehlenswerter, am schönsten ist die

»Einheimische« am Col d 'Iseran, in der Ferne die Pointe de le Ronce

Überschreitung. Besserer Fels ist aber auch dort nicht zu erwarten.

Gipfelaufstieg Westgrat: 4 km südöstlich der Passhöhe des Col du Mont Cenis auf alten Militärsteigen nordwärts hinauf zum Col de la Tomba (ca. 2640 m, hierher auch Steig von N). Nun nach O bald weglos über felsige Stufen, oben nach rechts (S) ausweichend, zum Gipfel des Signal du Grand Mont Cenis (3377 m). Ostwärts absteigen in Schuttsattel (3290 m), über Felsköpfe, Schwierigkeiten zuerst nordseitig, zuletzt auch südseitig umgehend, zum Vorgipfel. Über Firn zum höchsten Punkt.

Gipfelaufstieg Südostgrat: Vom Parkplatz Plan des Fontainettes nach O im Talgrund aufsteigen zu den Resten des Glacier du Lamet. Dort bis etwa 3300 m hinauf, dann links (N) die Schuttflanke querend und zuletzt etwas absteigend in den Sattel Pas du Chapeau (3283 m). Am Schuttgrat nach NW auf die Pointe du Chapeau (3419 m). Weiter zur Pointe du Vieux (3464 m). Etwas absteigen, über Felsbuckel und Grat zu Sattel. Links vom Gletscher über Schutt zum Gipfel.

Aussicht: Im Nordwesten jenseits des Val d'Arc der Grand Roc Noir.

107 Bessanese, 3604 m (404 mPr)

Der Felsberg am Talschluss der Lanzotäler

PD- II

7 bzw. 9 Std.

1800 bzw. 1700 mH

Schwierigkeiten: Insgesamt **PD-**, mit Kletterstellen II
Mühen: Von O zur Hütte 850 mH (2 Std.), Gipfelaufstieg 950 mH (4:30 Std.), von W zur Hütte 300 mH (2 Std.), von dort zum Gipfel 1400 mH (6 Std.)
Gefahren: Ein Berg mit moderaten objektiven Gefahren
Freuden: Ein ansehnlicher Felsberg
Karte, Spezialführer, Anreise, Hütte: → siehe **Charbonnel**, von Osten Anreise und Hütte → siehe **Uia di Ciamarella**

Der scharf geschnittene Felsgipfel im Grenzkamm zwischen Bessans und den Lanzotälern kann sowohl von Westen wie von Osten her angegangen werden. Die ersten Besteigungsversuche brachten Antonio Tonini 1857 über den Südostgrat bis zu einem Felskopf kurz vor dem Gipfel. Der höchste Punkt wurde erst 1873 erstmals von Martino Baretti mit dem Führer Giuseppe (»Volpot«) Cibraio erreicht. Der schroffe Nordgrat gelang Guido Rey mit Antonio Castagneri 1889. Die über dem Rifugio Gastaldi publikumswirksam aufragende Ostwand wurde im linken Wandteil bereits 1875 erstmals durch den Maler Allessandro Balduino mit Antonio Castagneri durchstiegen. Die elegante, beliebte Nordostkante gelang erst 1920 Umberto Murari Bra mit Antonio (»Travinel«) Bricco.

Gipfelaufstieg: Vom *Rifugio Gastaldi* nach SW markierten Steig unter dem Ghiacciaio della Bessanese hinauf und in Rinne zum Col d'Arnas/Col d'Arnès (3010 m). In südlicher Richtung über Blockgrat ansteigen, bis man nach Westen steil absteigen kann auf den Glacier d'Arnès. Nordwärts zu seiner Begrenzung und unter den Felsen der Beccas d'Arnas (frz. Pointe d'Arnès) entlang etwas absteigen, bis Steigspuren nach NW hinaufleiten über einen Schutthang (hierher auch von Westen vom Refuge d'Avérole durch das Tal aufsteigend in 3 Std.). Über Schutt und Firnhänge schräg links ansteigend unter den Felsen der Pointe des Pareis vorbei und hinauf in die obere große Mulde der Südwestflanke der Bessanese. Aus dieser über gegliederten Fels auf den

Die Bessanese von Osten

107 oberen Teil des Südostgrates. Diesem bis zu einem auffallenden Band folgen. Auf diesem nach rechts queren zu einem steilen Wandl. Gut griffig hinauf und zum Vorgipfel (Segnale Tonini). Nach Norden in eine Scharte hinab, westseitig unter dem höchsten Punkt nordwärts queren und über Schutt hinauf zum Grat. An diesem von Norden her auf den Hauptgipfel (Segnale Baretti).
Aussicht: Im Nordosten gletscherprächtig der Uia di Ciamarella
Andere lohnende Routen: Nordostkante (AD, IV und III+, 600 mH)

F-	Steig
P	5 Std.
	1330 mH

108 Rocciamelone, 3538 m (364 mPr)

Wanderberg hoch über Susa

Schwierigkeiten: Insgesamt **F-**, Steig
Mühen: Gipfelaufstieg 1330 mH (3:30 Std.)
Gefahren: Bei schneefreiem Steig übersichtlich
Freuden: Ein Dreitausender mit Steig
Karte, Spezialführer: → siehe **Charbonnel**

Der Eckpfeiler des Grenzkammes nördlich von Susa zeigt nordseitig einen Gletscher, weist jedoch einen im Sommer durchgängig aperen Südgrat auf. Es gibt bei der 1796 erbauten Kapelle (2846 m) die Hütte Ca' d'Asti, und obendrein noch eine weitere Kapelle mit einfacher Unterkunft dicht am Gipfel, aber die Besteigung lässt sich gut als Tagestour machen. Mit Auto vom Ortsteil Urbiano di Mompantero über Bonetti, Grangie, Vottero zum Ende des Sträßchens bei La Riposa (2205 m). Steig über den teils steilen Südgrat zum Gipfel. Alternative: Von N vom *Rifugio Tazzetti* (2642 m, CAI, 21 L, von Malciaussia 2 Std.) über Col di Resta (3183 m).

109 Albaron de Savoia, 3627 m (310 mPr)

Der Große Weiße zwischen Ecot und Averole

PD-

7 Std.

1730 mH

Schwierigkeiten: Insgesamt **PD-**
Mühen: Zur Hütte 300 mH (1:30 Std.), Gipfelaufstieg 1430 mH (4:30 Std.)
Gefahren: Gletscher, Wechten

Freuden: Ein Ausssichtsbalkon
Karte, Spezialführer, Anreise, Hütte: → siehe **Charbonnel**

Nordseitig eisprächtiger Ausleger der Ciamarella. Die erste Besteigung unternahm R. C. Nichols mit J. V. Favret 1866 von Westen. Vom *Refuge d'Avérole* (2210 m, → siehe Pointe du Charbonnel) zuerst nach NO auf grasigem Grat westlich vom Bach hinauf, dann mit weitem Bogen nach NW zwischen den Felsen Clapier Blanc und Clapier Rocafort durch und auf felsigem Rücken nach NO zum Glacier du Colerin. Steil nach N zum Sella d'Albaron (3469 m). Am zuletzt schmalen Südostgrat zum Gipfel.

Albaron de Savoia von Nordwesten

DAUPHINÉ

Dieses Gebiet umfasst die weithin wilden Berge zwischen den Tälern von Maurienne, Drac und Durance, westlich gegenüber den Cottischen Alpen.

Nördliches Dauphiné

Dies sind die Berge zwischen Vanoise, Col du Lautaret und Col de Montgenèvre beziehungsweise der Autobahn Chambéry – Fréjus – Susa und der Straßenverbindung Grenoble – Briançon – Susa. Der CAI-Führer rechnet sie teilweise mit zu den Cottischen Alpen.

Pic Sans Nom und Pelvoux von Osten

10 Aiguille Méridional d'Arves, 3514 m (1454 mPr)

Das Ensemble der drei herben Riesentürme

AD+ IV+ **!**

10 Std.

1850 mH

Schwierigkeiten: Insgesamt **AD+**, mit Kletterstellen III und IV+
Mühen: Zur Hütte 600 mH (2 Std.), Gipfelaufstieg 1250 mH (6:30 Std.)
Gefahren: Felsanstieg mit brüchigem und schuttigem Gestein. Wegen der Steinschlaggefahr sollte hier nur jeweils eine Seilschaft unterwegs sein.
Freuden: Einer der ernsthaftesten und alpinsten Dreitausender der Alpen
Karte: Carte ign France 1:25 000, 3435 ET; Carte Didier 1:50 000, No. 6 Haute Dauphiné

Der gezackte Felskamm nordwestlich vom Col Galibier ist ein sprödes Ziel. Die südliche der drei Spitzen ist die höchste und schwierigste. Der Aufstieg über den Normalweg wird mit dem – weit höheren und längeren – Hörnligrat auf das Matterhorn verglichen, ist jedoch fast ohne Begehungsspuren und völlig ohne Steighilfen geblieben und damit einer der ruppigsten Normalwege der Alpen.

Anreise: Von der Autobahn Chambéry–Fréjus bei St-Michel-d.-M. abzweigend auf der 902 nach Süden oder vom Col du Lautaret über das Col du Galibier nach Norden nach *Bonnenuit* (1699 m)

Hüttenaufstieg: Vom nördlich des Ortes gelegenen Rocher Bernard auf Steig zuerst nach S, dann in Seitental nach W zum *Refuge des Aiguilles d'Arves* (2260 m; CAF Chambéry, 54 L, Juni–Sept., Tel. 0033/479/59 01 77 oder 0033/619/66 15 54)

Gipfelaufstieg: Steig talaufwärts bis 2500 m Höhe, dann links über Schneefeld und nach rechts (oder bei 2650 m querend) zur Stirnmoräne des Glacier Gros Jean. Diesen hinauf (Spalten) zur Ost-

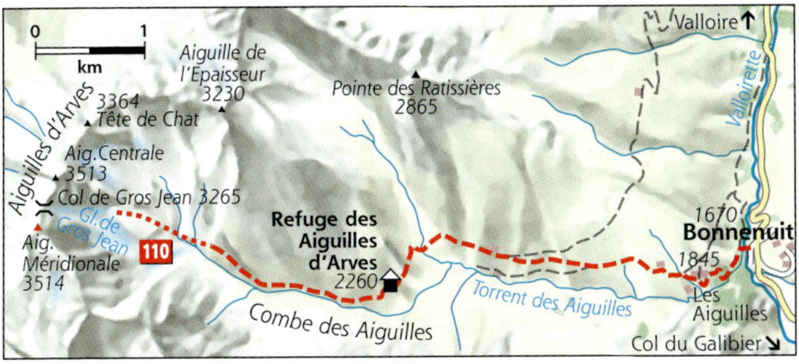

110

wand zum Fuß des ganz rechts eingeschnittenen Couloirs. Zuerst schwierig in Kamin (III, IV; auch über die Platten des linken Ufers, IV), dann leicht weiter, aber bald nach rechts auf Band zu Felssporn am Rand der Nordwand.

Über diesen gut gestuft 150 mH aufsteigen zu Couloir. Darin hinauf, bei Gabelung im rechten Ast zur höchsten Scharte des Südostgrates bei großem Gendarm (hierher auch von Süden weniger schwierig, aber mit sehr langem, hüttenlosem Zustieg von La Grave).

Der schroffe Gratabbruch oberhalb der Scharte wird nach rechts hin über den »mauvais pas« (IV+) umgangen: Rechts queren zu Platte, über diese zu Aufschwung. Mit Hilfe eines im Riss verklemmten Holzstücks zu Stand (H). An einem langen Riss zum Grat. Daran leicht zum Gipfel.

Aussicht: Im Westen Pic Bayle und Pic de l'Etendard, im Süden die Meije

Nebengipfel: Die mittlere **Aiguille Centrale d'Arves** (3513 m) ist am besten über den Ostgrat besteigbar (PD, bis III). Die populärere **Aiguille Settentrionale**, auch **Tête du Chat** (3368 m), wird am leichtesten vom Col des Aiguilles d'Arves her erreicht (PD, bis III).

F

2 Std.

260 mH

111 Pic Bayle, 3465 m (1177 mPr)

Der banalisierte Gipfel der westlichsten Gletscherberge

Schwierigkeiten: Insgesamt **F**
Mühen: Gipfelaufstieg mit Gegensteigungen 260 mH (1 Std.)
Gefahren: Einige Spalten vorhanden
Freuden: Ein mühelos erreichbarer Gipfel
Karte: Carte ign France 1:25 000, 3335 ET, 1:60 000, No. 5 Ecrins

Blick vom Pic Bayle zur Bergstation auf dem Pic du Lac Blanc

Der vergletscherte Gratkamm »Les Grandes Rousses« trägt die westlichsten Gletscherberge der Alpen. Der nördliche Eckpunkt ist der Pic de l'Etendard, der in älteren Karten als 1 m höher geführt wurde als der 2 km weiter südlich im Grat stehende, von einer nur 60 m tiefen Scharte abgetrennte Pic Bayle. Die neueren Karten verzeichnen jedoch den inzwischen von einer Seilbahn erschlossenen Pic Bayle als höher und man kann nur hoffen, dass die Höhenangaben des Institut Géographique National auf objektiven Messungen und nicht auf ökonomischen Interessen der Tourismusbranche gründen. Wer statt des in einem bloßen hochalpinen Spaziergang zu habenden Pic Bayle den guten alten Pic de l'Etendard mit seinem großzügigen Gletscheraufstieg und seinem zünftigen Gipfelambiente beehren will (auch wenn er nun nicht mehr als regionaler König, sondern nur noch als Trabant des Pic Bayle gilt), erhält auch alle dafür nötigen Informationen.

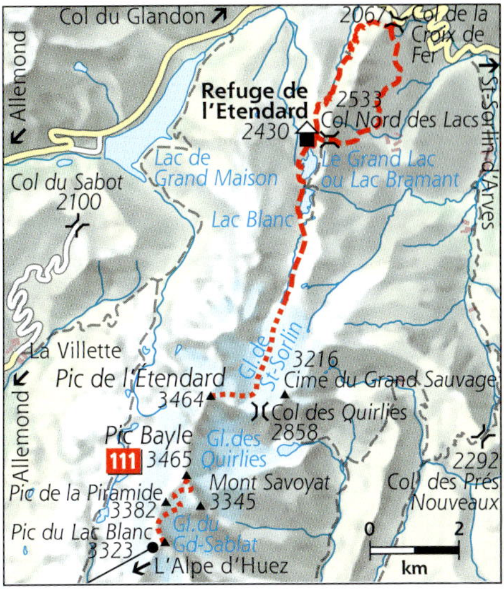

111

Anreise: Von Le Bourg d'Oisans zum wegen der berüchtigten Bergsprintpassage der Tour de France bekannten Glitzerding *Alpe d'-Huez* (1000 m) und mit Seilbahn zum Pic du Lac Blanc (3327 m).
Aufstieg Pic Bayle: Von der Bergstation nach Norden neben dem Grat 100 mH hinab, dann ostseitig nochmals etwas absteigend um den Pic de la Pyramide (3484 m, 27 mPr) herum und zum dahinter liegenden Sattel. Im rechten Teil der Südflanke zum oberen Teil des Ostgrates und daran zum Gipfel.
Aussicht: Im Norden Pic de l'Etendard, im Osten Aiguilles d'Arves, im Westen das felsige Massiv Belledonne, im Südosten Écrins
Pic de l'Etendard (3464 m, 60 mPr, Gipfelaufstieg 1000 mH, 3:30 Std.)
Anreise: Autobahn Chambéry Richtung Fréjus bis St-Etienne-de-Cuines. Nun Route 927 über Col du Glandon zum Col de la Croix de Fer (2068 m).
Hüttenaufstieg: Steig nach Süden in 1:30 Std. zum *Refuge de l'Etendard* (2430 m; CAF Chambéry, 90 L, Juni–Sept., Tel. 0033/479/59 74 96 und 0033/479/59 72 43).
Gipfelaufstieg: Nach Süden über Talgrund und Gletscher in Richtung Col du Petit Sauvage. Etwa 800 m vor diesem nach Westen hinauf (Spalten) zum Gipfel.

112 Rocca Bernauda, 3228 m (687 mPr)

Auf die Dolomiten von Bardonecchia

F+ II
P 8 Std.
1460 mH

Schwierigkeiten: **F+**, mit Kletterstellen II
Mühen: Gipfelaufstieg 1460 mH (5 Std.)
Gefahren: Gletscherfreie Tour, die aber Trittsicherheit erfordert; Helm!
Freuden: Ein exotisches Stück Bergwelt in diesem Teil der Alpen
Karte, Spezialführer: → siehe **Pic du Thabor**

Inmitten der kristallinen Gesteine dieses Teils der Alpen ist hier bei all dem Geschubse und Geschiebe im Zusammenhang mit der Kollision der afrikanischen und der fennoskandischen Platte und der Auffaltung des großen Gebirges ein Happen vom kalkigen Meeresgrund der Tethys platziert worden und dient nun, ordentlich dolomitisiert, als westliche Umrahmung des Ortes Bardonecchia. Die erste Besteigung dieses höchsten Gipfels dieses Bergkammes gelang Giuseppe Corrà 1882.

Anreise: Von Bardonecchia (1274 m, Südausgang des Fréjus-Tunnels) zum Ortsteil Melezet und nach W im Val Stretta zum *Rifugio Re Magi* (1769 m, privat, 37 L, Juli–Okt., Tel. 0039/0122/964 51) und *Rifugio 3° Alpini* (1790 m, CAI Torino, 39 L, Juni–Sept.)
Gipfelaufstieg: Im Tal 5 km nach N bis zu Wiesenböden vor dem Col Val Stretta. Nun nach SO in weitem Kar zum Colle Gran Somma (2980 m). Nach S, am NO-Grat des Berges, teils luftig kletternd zum Gipfel.
Aussicht: Westlich gegenüber der etwas niedrigere Mont Thabor

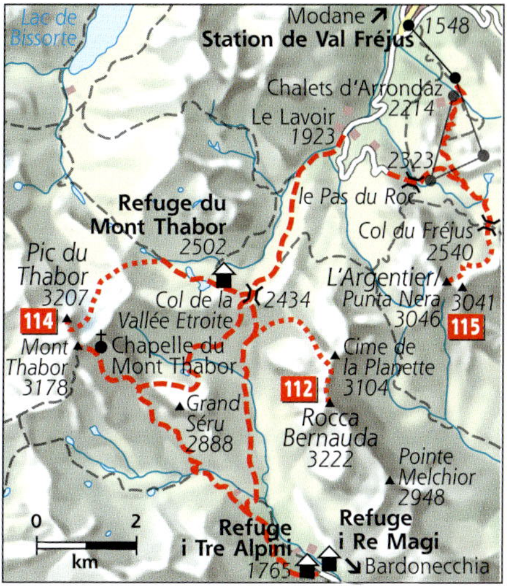

Andere lohnende Routen: Ostnordostwand (AD+, IV, III, 800 mH)

113 Grand Galibier, 3229 m (584 mPr)

Der Berg über dem Pass

F+ | ! ❄ | P 7 Std. | 1100 mH

Schwierigkeiten: Insgesamt **F+**, mit Kletterstellen I
Mühen: Gipfelaufstieg 1100 mH (4 Std.)
Gefahren: Gletscherfrei, aber auch Firn fordert Ausrüstung und Sorgfalt
Freuden: Ein seine Umgebung schroff beherrschender Berg
Karte, Anreise: → siehe **Aiguilles d'Arves**

Der vom Col Galibier über mergeligen Sockeln imposant aufragende Gipfel ist leider nicht von diesem so schön hoch anfahrbaren Ort auf einer Normalroute zu haben. Stattdessen muss man für den leichtesten Aufstieg die Ostseite aufsuchen und weit laufen.
Anreise: Von *Bonnenuit* Passstraße nach S hinauf bis Plan La Cha. Nun nach O Sträßchen bis zwei Kehren oberhalb von *Les Mottets* (2200 m).
Gipfelaufstieg: Zuerst nach SO zum See Lac des Cerces (2400 m). Nun nach S Steig zum Col de la Ponsonnière (2617 m). Von hier

113

nördlich vom Crête de la Ponsonnière auf Moränen nach W aufsteigen. Am Lac Blanc vorbei, dann nach NW biegend über die Brèche de Clapière zum Gipfel.

Aussicht: Im Südwesten gegenüber die Meije

F I

5 Std.

1280 mH

114 Pic du Thabor, 3207 m (562 mPr)

Der Gipfel neben dem altehrwürdig heiligen Berg

Schwierigkeiten: Insgesamt **F**, mit Kletterstellen I
Mühen: Hüttenaufstieg 580 mH (2 Std.), Gipfelaufstieg 700 mH (3 Std.)
Gefahren: Bei normalen Verhältnissen ein recht friedliches Ziel

Freuden: Ein Berg inmitten ursprünglicher Natur
Karte: Carte ign France 1:25 000, 3535 OT; 1:60 000, No. 5 Ecrins
Spezialführer: CAI Aruga-Losana-Re, Alpe cozie settentrionale, 1985

Tourenkarte: → siehe **Rocca Bernanda**

Der höhere Pic du Thabor liegt nördlich vom etwas niedrigeren, aber in Karten herausgestellten Mont Thabor. Den Pic du Thabor bestieg erstmals W. A. B. Coolidge mit C. Almer 1878. Der Mont Thabor dagegen wurde bereits seit der Antike aufgesucht. An seinem Gipfel steht am Platz eines vorchristlichen Tempels eine Kapelle aus dem 11. Jh.

Anreise: Von Modane (Fréjus-Tunnel Nord) vom Ortsteil Fourneaux nach Süden Sträßchen über le Charmaix (1572 m) nach *Le Lavoir* (1920 m)

Hüttenaufstieg: Steig nach SW zum *Refuge du Mont Thabor* (2512 m, CAF Maurienne, 46 L, Juni–Okt., Tel. Sektion 0033/479/64 35 31)

114

Gipfelaufstieg: Nach W Steig durch Moränen zum Col du Cheval Blanc (2791 m). Nun nach SW hinauf zum südlich des Pic gelegenen Col du Thabor Nord (3081 m). Nach Norden über die Südflanke zum Gipfel.
Aussicht: Im Norden die Gletscherberge des Vanoise
Nebengipfel: Der wenig südlich gelegene **Mont Thabor** (3177 m) von SO über einen Steig, der von Bardonecchia durch das Val Stretta (frz. Val Étroite, s. Rocca Bernauda) und ein von früherem Bergbau durchwühltes Gebiet heraufführt (vom Refuge Thabor im Bogen nach S zu erreichen)

115 L'Argentier – Punta Nera, 3046 m (505 mPr)

Seilbahnberg über verfallenden Grenzfestungen

F I

P 4 Std.

700 mH

Schwierigkeiten: Insgesamt **F**, mit Kletterstellen I
Mühen: Gipfelaufstieg 700 mH (2:30 Std.)
Gefahren: Dünn gesät
Freuden: Ein netter Seilbahnausflug
Karte, Spezialführer, Anreise: → siehe **Aiguilles d'Arves** und **Pic du Thabor**

Der nördliche der beiden Gipfel ist der höhere. Von *Charmaix* (siehe Pic Thabor) zur Téleférique de Punta Bagnes und – falls in Betrieb – zum Col d'Arondaz.

L'Argentier von Süden

115 Von der Bergstation zum alten Militärsträßchen, das zum Col Fréjus (2540 m) führt. Nun nach SW über Grashänge rechts vom NO-Grat, eine Steilstufe rechts umgehend, zum Gipfel. Die Aussicht bietet ein geologisches und geomorphologisches Kontrastprogramm.

F I

P 6 Std.

1400 mH

116 Rochers Charniers, 3067 m (468 mPr)

Der Schuttberg hinter der Festung

Schwierigkeiten: Insgesamt **F**, mit Kletterstellen I
Mühen: Gipfelaufstieg 1400 mH (4 Std.), viel Lockerschutt
Gefahren: Wunde Füße durch in den Stiefeln gefangene Schuttkrümel
Freuden: Die, wenn der Schmerz nachlässt
Karte, Anreise: → siehe **Mont Chaberton**

In Karten auch als **Pointe des Trois Scies** verzeichnet. Gipfelaufstieg wie zum Mont Chaberton und in die große Mulde östlich unterhalb vom Col Chaberton. Hinauf zu Ruinen von Militärgebäuden. Schutt zum Gipfel.

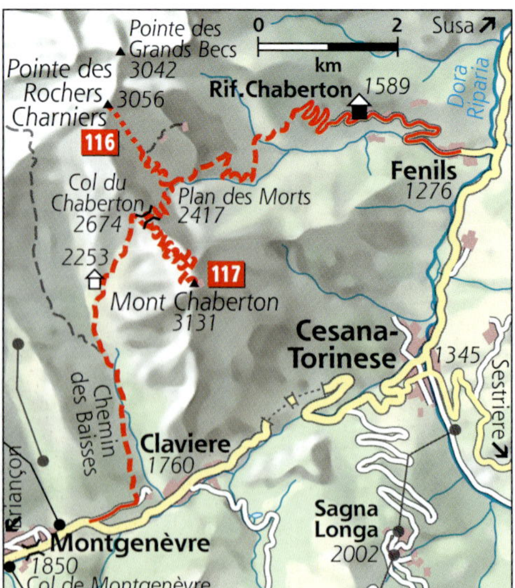

117 Mont Chaberton, 3130 m (459 mPr)

Die Bastion über dem Col de Montgenèvre

F-	Weg
P	5 Std.
	1280 mH

Schwierigkeiten: Insgesamt **F-**
Mühen: Gipfelaufstieg 950 mH (3 Std.)
Gefahren: Rasante Mountainbiker, sonst moderat
Freuden: Ein Berg für Mountainbiker
Karte: ign 1:100 000, No. 54; 1:25 000, Alpes sans Frontières, Bardonecchia

Der über dem Pass strategisch vorteilhaft gelegene Dolomitberg wurde von den Italienern zur Festung ausgebaut, die nach dem 2. Weltkrieg von den Franzosen – angenehmerweise zu einem Zeitpunkt, an dem sich keine Menschen drin aufhielten – demoliert und ihrem Staatsgebiet einverleibt wurde. Dank der mit 72 Kehren ausgestatteten 17 km langen Militärstraße von Fenil konnte im Jahre 1907 mit großem Brimborium die erste Erreichung des Gipfels per Auto abgefeiert werden.

Gipfelaufstieg: Von Briançon oder Susa zum Col de Montgenèvre (1854 m, Obelisk). Östlich der Passhöhe Weg in Seitental nach N, später nach NO zum Col de Chaberton (2671 m). Südwärts Weg weiter zum Gipfel.

Mont Chaberton von Südwesten

Zentrales Haut Dauphiné – Écrins

Das Massiv der zentralen Haut Dauphiné bildet weitgehend der Parc National Écrins, über den der damalige Kletterautor Lucien Devies zu Recht schrieb, er sei »le plus beau parc national de toute l'Europe«. Dies gilt sowohl für seine wunderbar intakt gebliebene Landschaft als auch dafür, dass beinahe das gesamte ausgedehnte Massiv als ein großes Ensemble unter diesen strengen Schutz gestellt wurde und auch von gewichtigen Eingriffen wie Staudämmen und Bergbahnen verschont blieb. Hier lässt sich nach wie vor Hochgebirgswildnis pur erleben.

Die Meije von Süden

118 Meije, 3983 m (824 mPr)

Die Königin der Dauphiné – der vollkommene Berg

AD+ IV !

10 Std.

2300 mH

Schwierigkeiten: Insgesamt **AD+**, mit Kletterstellen IV, oft III. (Bei der Überschreitung zusätzlich 600 m Grat, dabei auch Passagen mit A0, solange das Drahtseil noch hängt; ohne dieses oft vereiste Passagen IV).
Mühen: Hüttenaufstieg 1400 mH (4:30 Std.), Gipfelaufstieg 900 mH (5 Std.)
Gefahren: Ein großer alpiner, vielseitiger Beinaheviertausender, dem man schon gewachsen sein sollte. Sicheres Wetter und gute Verhältnisse abzuwarten wird dringend empfohlen. Ebenso Doppelseil für lange Abseilstellen.
Freuden: Das großartige Erlebnis Normalweg ist steigerbar (aber deutlich schwieriger!) mit der klassischen Überschreitung zum Doigt de Dieu.
Karte: IGN 1:60 000, 5 Ecrins; IGN 1:25 000, 3436 ET Ecrins Pelvoux
Spezialführer: H. Eberlein, Dauphiné, Bergverlag Rother; GHM François Labande, Guide du Haut-Dauphiné, tome 1, Editions de L'Envol, 1995

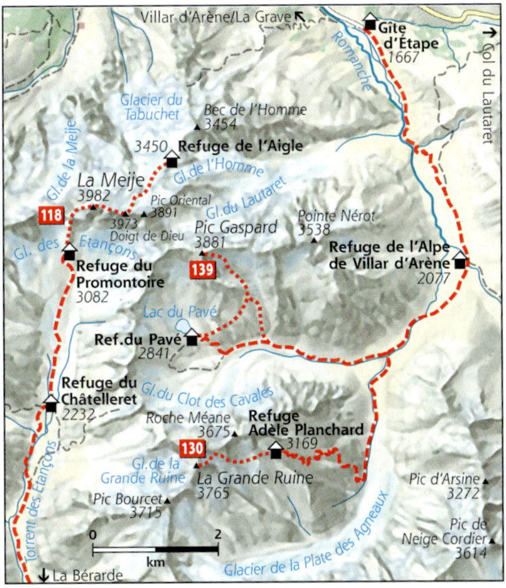

»Wer die Meije nicht gesehen hat, hat die Alpen nicht gesehen. Und wer die Meije nicht von Süden gesehen hat, hat die Meije nicht gesehen.«
Der Berg ist Legende. Zu Recht. Wer sich darauf einlässt, erlebt eine allmähliche, suggestive Annäherung an die majestätisch aufragende Felsmasse, eine für ihre Schwierigkeit verblüffend steile und luftige Kletterei zum Hauptgipfel – und bei der Überschreitung noch einen exponierten Grat und einen Gletscherabstieg zusätzlich. Im Wechsel der Szenerien und Anforderungen ist das eine perfekte Komposition für jeden, der sich das zutraut.
Nach zahlreichen ergebnislosen Versuchen namhafter Seilschaften gelang die erste Besteigung Pierre Gaspard Vater (43-jährig) und Sohn mit dem 19-jährigen Klienten Emanuel Boileau de Castelnau

118 am 16. August 1877 mit einem im Wettersturz nur knapp überlebten Notbiwak beim Abstieg. Die erste Überschreitung gelang den führerlosen Ludwig Purtscheller und Emil und Otto Zsigmondy am 26. Juli 1885.

Anreise: Autostraße N 91 Grenoble – Bourg d'Oisans – La Grave – Col Lautaret – Briançon. 5 km südöstlich von Bourg Abzweigung der Stichstraße Venosc – Le Bourg d'Arud – St-Christophe d'Oisans – *La Bérarde* (1700 m, Centre Alpin, Nationalparkstation)

Hüttenaufstieg: Von La Bérarde nach Norden das Val Etencon hinauf (Originalton Gaston Rébuffat: »une grande méditation«) zum auf dem Sockel des Südsporns gelegenen *Refuge du Promontoire* (3092 m; CAF Isère, 30 L, bew. Juni–Sept., Tel. 0033/476/80 51 67)

Gipfelaufstieg: Zuerst nach links, dann gerade den Grat hinauf zu Terrassen (»campement des demoiselles«). Links zu spitzem

Über der »dalle Castelnau«

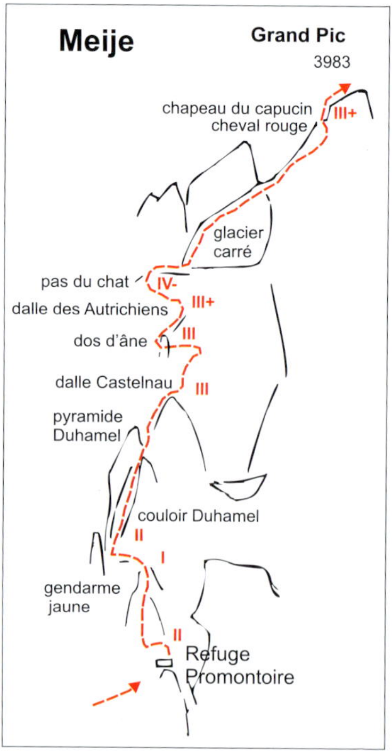

Felsturm (»gendarme jaune«). Daneben im »couloir Duhamel« an der »pyramide Duhamel« vorbei zu den Terrassen unter hoher steiler Wand (»muraille Castelnau«, 1:30 Std. ab Hütte).

Zuerst über schwierige Platte (»dalle Castelnau«, III) und nach rechts hinauf bis in die Falllinie des »glacier carrée« (Eisschlag möglich). Nun links auf ansteigendem Band zu einer abgerundeten Kante (»dos d'âne«). Links hinauf (III), dann nach rechts zu Band unter zwei Verschneidungen (III). Rechts empor bis unter steile Platte (III+, »dalle des Autrichiens«), danach links über eine luftige Kriechstelle (»pas du chat«, IV-). Oberhalb davon nach rechts über Kaminstück und Steilstufe und danach etwas absteigend zu Felsterrasse unter dem »glacier carrée« (3 Std. ab Hütte).

Vor der »dalle des Autrichiens«

Am besten am linken Rand des Firns hinauf zur Scharte vor dem Grand Pic. Über gestufte Felsen in der Südwestseite des Grand Pic zu einer roten Platte am Westgrat. Über diese links hinauf (III+) auf Reitgrat (»cheval rouge«), sich dort aufrichten und links über griffigen Überhang (III, »chapeau du capucin«). Am nun leichten Grat rasch zum Gipfel.

Kurz vor dem »glacier Carrée«

Aussicht: Aufregende Nahblicke, im Südosten Barre des Écrins

Abstieg: Der Abstieg wurde früher frei abgeklettert; in heutigen Zeiten macht das kaum noch jemand, sodass am Chapeau du Capucin eine, am Glacier Carrée drei und in der Muraille de Castelnau vier Abseilstellen eingerichtet sind.

Nebengipfel: Bei der Überschreitung wird der **Doigt de Dieu** (auch Pic Central, 3973 m) berührt. Das bedeutet 600 m zusätzliche

Gratkletterei in 4000 m Höhe, ist jedoch bei angemessener Form und sicherem Wetter – und nur dann! – die empfehlenswerte Alternative: 20 m Abklettern und 3x Abseilen zur Brèche, dann nordseitig 60 m queren und in oder neben Rinne (cables) zum Grat. Daran zum Doigt de Dieu. Nordseitig Grat hinab zu Scharte, links unterhalb davon Abseilstelle bis über den Bergschrund (mindestens 35 m!). Auf dem Gletscher hinab zum Refuge Nid d'Aigle (3450 m, 17 L, Tel. 0033/476/79 94 74).

Am »chapeau du capucin«, kurz vor dem Gipfel des Grand Pic

119 Pic de Combeynot, 3165 m (815 mPr)

F !!

8 Std.

1600 mH

Der große braune Berg am Col Lautaret

Schwierigkeiten: F, mit Kletterstellen I
Mühen: Gipfelaufstieg 1600 mH (5 Std.)
Gefahren: Gletscherfrei, oben weglos
Freuden: Aussicht zur Meije!
Karten, Anreise: → siehe **Meije**

Der von alten Gletschertälern tief abgetrennte, schuttreiche Berg liegt südlich vom Col du Lautaret und ist Teil des Nationalparks. Von Les Boussardes (1 km südlich von Le Lauzet) Steig nach SW und W im Vallon du Fontanil zum Lac de Combeynot (2555 m). Spuren rechts am See vorbei über Schutt insgesamt nach WSW hinauf zum höheren Westgipfel.

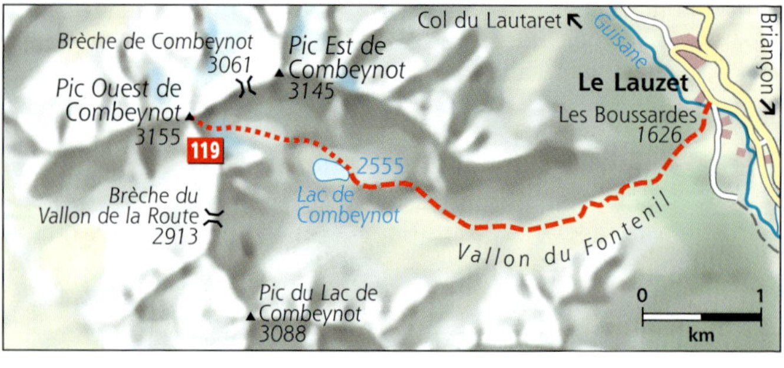

120 Ailefroide, 3954 m (762 mPr)

Der dritthöchste Berg der Dauphiné

PD II !

9 Std.

2450 mH

Schwierigkeiten: Insgesamt **PD**, mit Kletterstellen II und I
Mühen: Hüttenaufstieg 1000 mH (3:30 Std.), zum Gipfel 1450 mH (5 Std.)
Gefahren: Gletscher, Steinschlag
Freuden: Ein alpin vielseitiger Aufstieg
Karte, Spezialführer: → siehe **Meije**

Die Ailefroide steht der Barre des Écrins und der Meije zwar an Berühmtheit nach, zeigt jedoch eindrucksvolle, über 1000 m hohe Nordabstürze. Die Erstbesteigung des Gipfels unternahmen W. A. B. Coolidge mit C. und V. Almer und C. Gertsch am 7. Juli 1870. Der Coste-Rouge-Grat durch die Nordwestwand gelang dem Dolomitenführer Angelo Dibona mit seinem Wiener Klienten Georg Mayer am 1. Juli 1913. Den als »Walkerpfeiler des Dauphiné« gepriesenen Nordwestpfeiler eroberten sich am 23. und 24. Juli 1936 der spätere Führerautor Lucien Devies und der brillante italienische Kletterer Giusto Gervasutti.

Vor Ailefroide (lks.)

Anreise: Argentière (Durance) – Vallouise – *Ailefroide* (1507 m)

Hüttenaufstieg: Vom Zeltplatz nach SW das Tal hinauf zum *Refuge du Selé* (2511 m; CAF Briançon, 76 L, Juni–Sept., Tel. 0033/492/23 37 91)

Gipfelaufstieg: Am Glacier Selé entlang auf der Moräne bis unter den Westgipfel. Über Schutt- und Firnhänge und den westlichen Teil des Glacier de l'Aile-

120 froide bis zur Höhe der Brèche des Frères Chamois. Vom Gletscher durch Rinne auf Schuttstufe des vom Gipfel herabziehenden Felssporns. Rinnen und Felsrippen zum SW-Grat. Daran zum Gipfel.

Aussicht: Im Norden gegenüber die Barre des Écrins mit Südwand und Südpfeiler

Nebengipfel: Mittelgipfel 3927 m, Pte Fourastier 3907 m, Ostgipfel 3847 m

Andere lohnende Routen: Coste-Rouge-Grat (D, IV, 700 m), Nordwestpfeiler (ED, VI, 1000 mH)

F

P 8 Std.

1550 mH

121 Vieux Chaillol, 3163 m (580 mPr)

Der Höchste im Südzipfel des Parc national

Schwierigkeiten: Insgesamt **F**
Mühen: Gipfelaufstieg 1550 mH (4:30 Std.)
Gefahren: Trittsicherheit gefordert

Freuden: Zwischen Hochgebirge und Provence
Karte: Carte ign France 1:25 000, 3437 OT

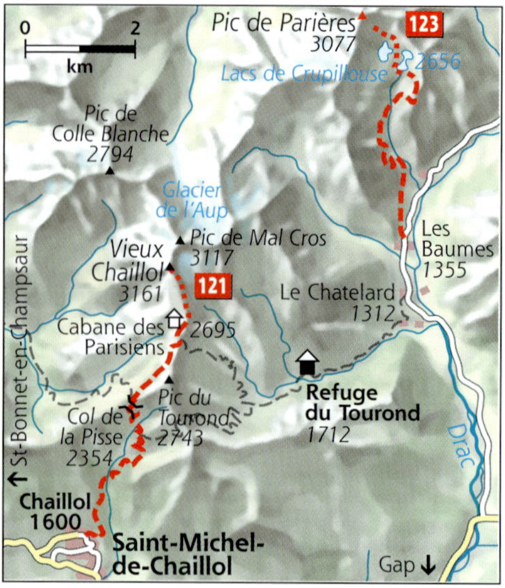

Anreise: Nördlich von Gap von St-Bonnet-en-Champsaur Sträßchen ostwärts nach *Chaillol* (1600 m, oberhalb des alten Ortes)

Gipfelaufstieg: Vom östlichen Ortsrand nach N auf Forstweg, dann Steig steil zum Col de la Pisse (2354 m). Nun nach NO nordseitig schräg unter dem Pic du Tournond vorbei zum Col de Côte Longue (2679 m, hierher auch von O vom Refuge Tournond). Am S-Rücken bald zur Cabane des Parisiens (2695 m) und weiter zum hier noch fernen Gipfel.

Nebengipfel: Ein Kilometer nordöstlich vom Gipfel der **Pic de Mal Gros** (3117 m, 25 mPr)

122 Pointe de Malhaubert, 3049 m (558 mPr)

Einsamer Schuttgipfel am Westrand des Parc national

Schwierigkeiten: Insgesamt **F**, mit Kletterstellen I
Mühen: Gipfelaufstieg 1950 mH (7 Std.)
Gefahren: Nix Besonderes außer der Abgelegenheit
Freuden: Ruhiger Gipfel
Karte, Führer: → siehe **Olan**

F | I!
P 11 Std.
1950 mH

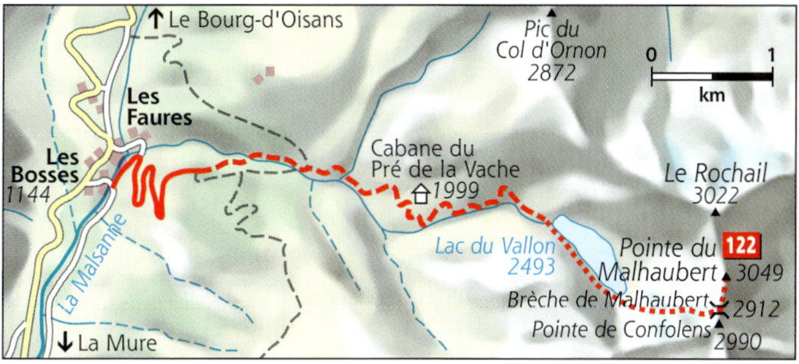

Anreise: Von La Paute (nördlich von Le Bourg d'Oisans) die D 526 nach Süden über Ornon nach *Les Faures* (1100 m)
Gipfelaufstieg: Sträßchen, dann Steig nach O im Tal der Malsanne zur Cabane du Pré de la Vache (1999 m) und zum Lac du Vallon (2493 m). Am rechten Ufer zum Talschluss. Über Firn und gestufte Felsen nach SO in die Brèche de Malhaubert (2912 m). Nach N am Grat (I) zum Gipfel.

Fingerhut im Dauphiné

PD ? !

P 9 Std.

1740 mH

123 Pic de Parières, 3076 m (557 mPr)

»Tâche blanche«

Dieser nordseitig vergletscherte Berg ist ein weißer Fleck, über den selbst Dauphiné-Experten die Achseln zucken. Im Gipfelbereich Wildnis pur.

Anreise: Von Gap D 944 nach NO, 4 km hinter Pont Fosse nordwärts im Val Drac Blanc über Chatelard (Gîte d'Etape) nach *Les Baumes* (1356 m)

Gipfelaufstieg: Nördlich von Ort Steig nach W, gleich unterhalb von Felsen rechts abzweigend am westlichen Talhang nach N, oberhalb der Cascade d'Ambalard vorbei, danach auf Sporn nach W steil hinauf und schließlich oberhalb von Felsgürtel auf der Höhe mehrerer Quellen wieder nach N im Seitental hinauf zu den Lacs de Crupillouse (2655 m, Ende des Steigs). Der Gipfel liegt nordwestlich oberhalb, vermutlich PD oder so. Wer hinauf will, muss selbst herausfinden wo und wie.

AD III !

10 Std.

2470 mH

124 Olan, 3564 m (554 mPr)

Der große Felsberg über dem Val Gaudemar

Schwierigkeiten: Insgesamt **AD**, mit Kletterstellen III
Mühen: Zur Hütte 1250 mH (3:30 Std.), Gipfelaufstieg 1220 mH (6 Std.)
Gefahren: Beachtliche Dimension, Gletscher, Steinschlag
Freuden: Ein Berg für Allrounder
Karte: Carte ign 1:25 000, 3336 ET Les Deux Alpes
Spezialführer: Eberlein, GF Dauphiné, Bergverlag Rother; L. Devies, F. Labande, M.. Lalque: Le Massif des Écrins IV, Arthaud 1978

Eindrucksvolles Felshorn mit besonders eindrucksvoller Nordwestwand. Der Mittelgipfel ist 4 m höher als der Nordgipfel. Die erste Ersteigung des Olan erfolgte am 29. Juni 1877 durch W. A. B. Coolidge mit Vater und Sohn Christian Almer. Den heutigen Normalweg fanden Jean Escarra mit Pierre Turc und Pierre Brun erst 1908. Die erste Route durch die 1100 m hohe Nordwestwand gelang Lucien Devies und Giusto Gervasutti 1934, eine direktere Jean Couzy und René Desmaison 1956.

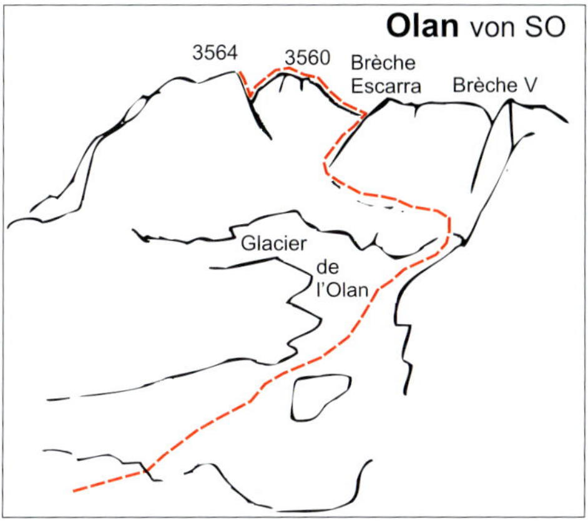

Anreise: Etwa 30 km nördlich von Gap bei Chauffayer abzweigend nach Osten im Val Gaudemar hinauf nach *Chapelle-en-Valgaudemar* (1033 m)

Hüttenaufstieg: Vom Ort Straße talaufwärts zu Brücke über den Hauptbach. Hinter einer zweiten Brücke über einen Seitenbach beginnt ein Steig nach Norden. Diesen am linken Ufer des Torrent du Clot zu Weggabelung bei 1750 m. Rechts (O) um Felssporn herum und über Bach. An dessen linkem Ufer schrofige Hänge hinauf zum *Refuge de l'Olan* (2345 m; CAF Gap, 20 L, Juni–Sept., Tel. 0033/492/50 09 97).

Gipfelaufstieg: Von der Hütte Steig hinauf zum unten im Südgrat eingeschnittenen Pas de l'Olan. Nun weglos rechts nach N über den Glacier de l'Olan zur Falllinie einer am Ostgrat markant V-förmig eingeschnittenen Scharte. Auf einem nach links ansteigenden Band mit weißlichen Felsen nach W hinauf in Richtung auf das Couloir zwischen Nord- und Mittelgipfel. Noch bevor man dieses erreicht, rechts in einem anderen Couloir hinauf zur Brèche Escarra im Ostgrat. An diesem (teils III) zum östlichen Vorgipfel. Hinab in die dahinter folgende Scharte, jenseits in Kamin einige Meter hinauf, rechts hinaus (III). Über Platten zum Nordgipfel. Hinab in die tiefe Scharte und jenseits zum Mittelgipfel.

PD

8 Std.

1530 mH

125 Pointe de l'Aiglière, 3308 m (547 mPr)

Schieferberg über Vallouise

Schwierigkeiten: Insgesamt etwa **PD**
Mühen: Gipfelaufstieg 1530 mH (4:30 Std.)
Gefahren: Unzuverlässiges Gestein
Freuden: Ein sicher einsamer Berg
Karte: → siehe **Vieux Chaillol**
Anreise: → siehe **Pelvoux**

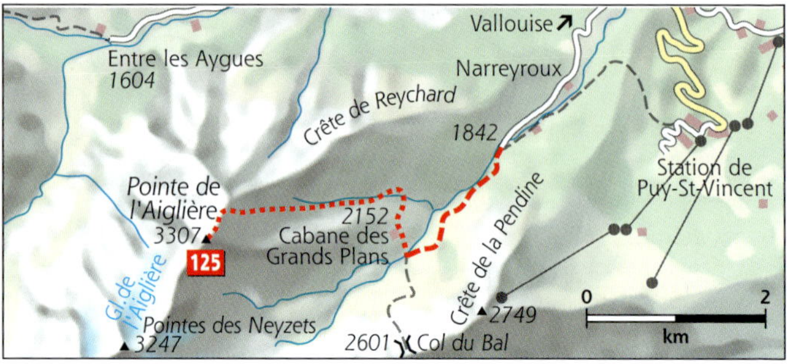

Dieser Gipfel ist aus einem der bei Kletterern nicht so beliebten Gesteine. Trotzdem ist er besteigbar, wenn auch weglos und mühsam. Von Vallouise nach SW Sträßchen hinauf nach Narreyoux und zu Parkplatz bei P. 1842. Im Talgrund zu Wasserfall, dann rechts Pfad hinauf zur Hütte. Ein Tälchen queren und im nächsten hinauf zu Bergsporn. Diesen empor in ein Kar und zum N-Grat. Daran zum Gipfel.

PD+ III

10 Std.

2540 Hm

126 Roche de la Muzelle, 3465 m (525 mPr)

Von tiefer Basis ganz schön weit hinauf

Schwierigkeiten: Insgesamt **PD+**, mit Stellen III, oft II, Firn/Eis bis 50°
Mühen: Zur Hütte 1200 mH (3:30 Std.), Gipfelaufstieg 1340 mH (6 Std.)
Gefahren: Spaltenreicher Gletscher. Ein sehr alpiner Berg.
Freuden: Ein nur wenig bekannter Berg
Karte: IGN 1:60 000, 5 Écrins; 1:25 000 3436 ET Écrins. Pelvoux
Spezialführer: Eberlein, GF Dauphiné, Bergverlag Rother

Hüttenaufstieg: Von *Bourg d'Arud* (950 m, Gîte d'Etape, → siehe Meije) über die große Brücke auf das linke Ufer des Vénéon. Mit GR 54B südwärts das Seitental hinauf und zum *Refuge de la Muzelle*

(2130 m; 52 L, im Sommer bew., Tel. 0033/476/79 02 01).
Gipfelaufstieg: Steig nach SO und S. Entlang dem Gratrücken mit P. 2552 und P. 2596 und den anschließenden Felsgrat ganz hinauf. Auf dem Gletscher nach SO ansteigen, zuletzt steil, zum Col Jean Martin. Den ersten Aufschwung des NO-Grates rechts durch Rinne umgehen und über Pfeiler hinauf zur Grathöhe. Am Grat zu den drei Gipfeltürmen. Der südwestliche ist der höchste Punkt.
Aussicht: Im Südosten der Olan mit hoher Nordwand

127 Tête de Soulaure, 3243 m (508 mPr)

Ein Berg für Romantiker

PD? !

9 Std.

1820 mH

Schwierigkeiten: Insgesamt vermutlich **PD**, mit Kletterstellen
Mühen: Zur Hütte 300 mH (1 Std.), Gipfelaufstieg 1520 mH (5 Std.)
Gefahren: Ein ernsthafter Berg mit sehr veränderlichem Flyschgestein
Freuden: Das Abenteuer vom Selber-Suchen und Selber-Finden
Karte: ign France 1:25 000, No. 3
Spezialführer: Eberlein, GF Dauphiné, Bergverlag Rother
Karte, Anreise: → s. **Pointe de l'Aiglière**

Ein Berg, den keiner kennt. Nicht einmal der Spezialführerautor dieses Gebirges. Ein »Tâche blanche« also noch einmal, Herausforderungen für eigene Kreativität, eigenes Suchen und Finden und Wagen – oder Verzichten. »Wir wollen Tage haben, an denen wir am Morgen den Lohn des Abends nicht kennen ...«
Anreise: Vom Val Durance westwärts ins Val Biaysse über Freissinières zum Talschluss (1400 m)
Hüttenaufstieg: Steig neben Wasserfall hinauf nach *Dormillouse* (L'École, 1767 m, 14 L, Tel. 0033/492/20 90 01)

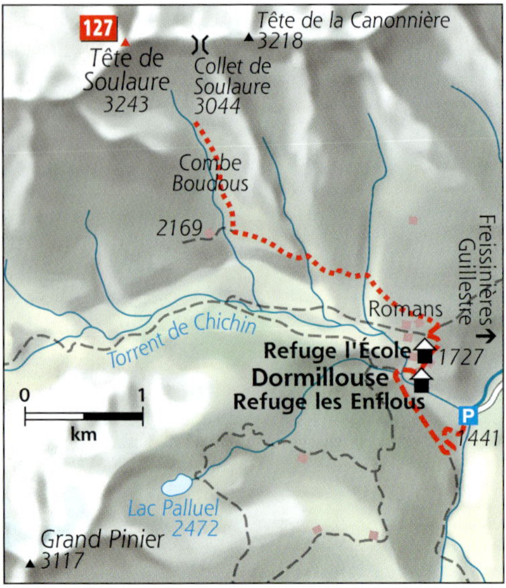

Gipfelaufstieg: Steig nach Romans. Von hier talein Pfad oberhalb von kristalliner Felsstufe nach W. Dabei drei Bäche überqueren und entlang dem vierten hinauf in Hochkar. Von hier Route unbekannt: Nach N müsste der Ostgrat über Schutt leicht erreichbar sein (Col Soulaure, 3044 m). Auf diesem (sicher sehr brüchig) zum Gipfel. Alternative: Nach W zum Südwestgrat und daran. Frei nach Matthäus 7,7 ...

128 Mont Pelvoux, 3946 m (465 mPr)

Der komplizierteste Berg der Dauphiné

PD	III !
❄	35°
Hütte	6 Std.
Höhenmeter	2440 mH

Tourenkarte : → siehe **Ailefroide**

Schwierigkeiten: Insgesamt **PD**, mit Firn oder Eis 35°
Mühen: Hüttenaufstieg 1200 mH (4 Std.), Gipfelaufstieg 1250 mH (4 Std.)
Gefahren: Am Glacier Clot de l'Homme teils Eisschlag möglich
Freuden: Einer der großen Beinaheviertausender
Karte, Spezialführer, Anreise: → siehe **Ailefroide**

Auch dieser gewaltige Klotz ist ein Gegenüber der zentral aufragenden Barre des Écrins. Die erste Besteigung gelang W. A. B. Coolidge mit Vater und Sohn Christian Almer am 15. Juli 1881.

Kurz unter dem Gipfel des Pelvoux: Rechts vorn die Mündung des Couloir Coolidge, links der Petit Pelvoux

Hüttenaufstieg: Von *Ailefroide* nach W im Tal hinauf und vom P. 1993 steilen Zickzackweg über plattigen Felssporn nach N zum *Refuge du Pelvoux* (2704 m; CAF, 58 L, Juli–Aug., Tel. 0033/492/23 39 47)

Gipfelaufstieg: Von der Hütte über Wandl und Felsrücken zum westlichen Ufer des Glacier du Clot de l'Homme. Den Gletscher queren und nach W ansteigend weiter zum Glacier de Sialouze. Über diesen nahe seinem östlichen Rand hinauf in Richtung Col du Pelvoux zum Fuß des Couloir Coolidge. Durch dieses hindurch weiter zum Gipfelgletscher (Glacier du Pelvoux) und links haltend zum höchsten Punkt (Pointe Puisieux).

Aussicht: Im Nordwesten gegenüber sieht man den mächtigen 1000-Meter-Pfeiler der Barre des Écrins, westlich nebenan den Pic Sans Nom.

Nebengipfel: Die zur Nordseite vorgeschobene **Pointe Durand** (3932 m, 20 mPr) ist vom Pelvoux-Gletscher rasch zu erreichen. Ebenso ist der nach Südosten vorgeschobene **Petit Pelvoux** (3753 m) von hier ohne besondere Probleme zu besteigen.

Andere lohnende Routen: Nordgrat (D+, V, 1000 mH)

F+ II !

6 Std.

2340 mH

129 Le Râteau, 3809 m (457 mPr)

Der Sägegrat im Schatten der Meije

Schwierigkeiten: **F+**, mit Kletterstellen II
Mühen: Zur Hütte 1200 mH (3:30 Std.), Gipfelaufstieg 1140 mH (4 Std.)
Gefahren: Gletscher, Wechten
Freuden: Ein alpiner Berg in naturnahem Zustand
Karte, Spezialführer, Anreise: → siehe **Meije**

Ein wilder Felsberg über Gletschern, dem allerdings die nebenan aufragende Meije die Schau stiehlt. Der höchste Punkt befindet sich nahe am östlichen Endpunkt des fast waagerechten Gipfelgrates.

Die erste Besteigung erfolgte durch eine gewisse Miss Brevoort und ihren Neffen W. A. B. Coolidge mit Christian Almer, Peter Michel, Peter Bleuer und Christian Roth am 11. Juli 1873 über die Südwestflanke.

Die heutige Normalroute über den Südgrat fanden H. Cordier mit J. Anderegg und A. Maurer 1876. Seit dem Bau der Seilbahn von La Grave zum Col des Rouillans wird auch oft der so genannte »Westgipfel« bestiegen, der allerdings bei einer maximalen Pro-

Am Südgrat des Râteau, rechts Aiguille du Plat de la Selle

minenz von unter 10 m beim besten Willen nur eine Gratschulter, aber kein Gipfel ist. Will man dagegen diesen bequemen Zugang für eine tatsächliche Besteigung des realen Gipfels nutzen, dann hat man mit der Überkletterung des Grates je nach Routenwahl eine handfeste AD oder D von 6–8 Std. Kletterzeit allein für den Grat zu absolvieren und sich auf einen langen Rückweg zu ganz anderen Gegenden einzulassen.

Le Râteau von La Grave

Dagegen ist die Besteigung des Gipfels über den Südgrat – der Normalweg – eine ruhige klassische Tour.

Hüttenaufstieg: Von St-Christophe-en-Oisans (1418 m) Steig nach Nordosten durch das Vallée de la Selle zum *Refuge de la Selle* (2672 m; 64 L, Sommer, Tel. 0033/476/79 56 56)

129

Gipfelaufstieg: Steig nach NO zum P. 2980 am Glacier de la Selle. Über den flachen Gletscher nach Osten in die Brèche du Râteau (3235 m).
Nun am Südgrat, zuerst ostseitig über Fels, dann auf der Gratschneide über Firn, Wechten westseitig vermeidend, zum Vorgipfel. Zum höchsten Punkt entweder südseitig oder auf der Gratschneide.
Aussicht: Im Osten die Meije, im Südosten die Barre des Écrins

130 Grande Ruine, 3765 m (442 mPr)

Doppelgipfel mit umwerfender Aussicht

F I!

4 Std.

2100 mH

Tourenkarte: → siehe **Meije**

Schwierigkeiten: Insgesamt **F**, mit Kletterstellen I
Mühen: Zur Hütte 1500 mH (5:30 Std.), Gipfelaufstieg 600 mH (2:30 Std.)
Gefahren: Ernsthafter Gletscher
Freuden: Ausblicke
Karte, Spezialführer, Anreise: → siehe **Meije**

Der nördliche der beiden Gipfel ist der Pic Maître (3728 m), der südliche die 38 m höhere Pointe Brevoort. Die erste Besteigung erfolgte durch Miss Brevoort – nach der der Gipfel später benannt wurde – und W. A. B. Coolidge mit den Führern Christian Almer, P. Michel, P. Bleuer und C. Roth am 19. Juli 1873.
Hüttenaufstieg: Vom 3 km südöstlich von Villar d'Arène (zwischen La Grave und Col Lautaret) gelegenen *Pied du Col* im Tal der Romanche den GR 54 zum Refuge de l'Alpe de Villar d'Arène (2096 m). Nach SW über den Chamoussière-Bach und auf dem orografisch rechten Ufer bleibend nach SW das Tal hinauf bis zum P. 2315. Nun rechts (W) Steig steil hinauf zum *Refuge Adèle Planchard* (3173 m; 64 L, Juni–Sept., Tel. 0033/476/79 92 14).
Gipfelaufstieg: Nach SW den Glacier supérieure d'Agneaux queren, dann unter dem Fuß des Felssporns des Roche Méane durch und danach zwischen diesen Felsen und denen des Pointe-Brevoort-Ostgrates den steilen Gletscher nach NW hinauf, am Col du Diable vorbei und mit Bogen nach links bis kurz vor die Brèche Giraud-Lézin (3668 m). Links zum Ostgrat queren und daran zum Gipfel.

130

Aussicht: Im Nordwesten die Meije von ihrer schönsten Seite, im Norden der Pic Gaspard, im Süden die Barre des Écrins
Nebengipfel: Von der Brèche Giraud-Lézin ist der **Pic Maître** (3728 m, 60 mPr) leicht zu besteigen.

131 Aiguille du Plat de la Selle, 3596 m (423)

Der Belvedere über St. Christophe

Schwierigkeiten: **PD**, mit Kletterstellen III
Mühen: Gipfelaufstieg 1950 mH (7 Std.)
Gefahren: Finish in brüchigem Fels
Freuden: Ruhige Aussicht
Karte, Spezialführer, Anreise: → siehe **Meije**

PD III !
11 Std.
1950 mH

Gipfelaufstieg: Von St. Christophe vom Parkplatz am Eingang zum Vallon de la Selle Steig nach Osten hinauf zum Kar le Grand Creux mit dem Glacier du Plat (hierher auch von Süden von Le Clot Pré). Den Gletscher hinauf, zuletzt durch steiles Couloir zum Südwestgrat. Daran und teils auch links in die NW-Seite ausweichend zum Gipfel.

Tourenkarte: → siehe **Râteau**

32 Pic des Souffles, 3098 m (419 mPr)

Ein Berg, den man wahrscheinlich für sich allein hat

Schwierigkeiten: **PD**, mit Kletterstellen III
Mühen: Hüttenaufstieg 950 mH (3 Std.), Gipfelaufstieg 1150 mH (6 Std.)
Gefahren: Delikate und dabei luftige Kletterei am Gipfelgrat
Freuden: Für Einsamkeitsgenießer jede Menge
Karte, Führer, Anreise: → siehe **Olan**

PD III !
10 Std.
2100 mH

Hüttenaufstieg: Von Villar-Loubière (1030 m) nach N Steig zum *Refuge des Souffles* (1968 m; CAF Gap, 20 L, Sektion Tel. 0033/492/51 55 14)
Gipfelaufstieg: Steig nach NW bis hinter die dritte Schlucht. Über Schutt und über drei felsige Stufen und drei Terrassen ansteigen, dann über Band und Stufe nach links und in Rinne zu Scharte westlich vom Mittelgipfel. Delikat und in komplizierter Linie über den Grat (teils in die Flanken ausweichend, auch Haken) zum Westgipfel (3098 m).
Aussicht: Im Osten der Olan mit steilem Fels in rauen Mengen

Tourenkarte: → siehe **Olan**

F+ I!

11 Std.

1900 mH

133 Les Rouies, 3589 m (405 mPr)

Weitläufiger Gletscherberg ohne Hütte

Schwierigkeiten: F+, mit Kletterstellen I
Mühen: Gipfelaufstieg 1900 mH (6:30 Std.)
Gefahren: Nächtlicher Aufbruch ist zwingend nötig, um den Schnee auf dem Gletscher nicht zu aufgeweicht vorzufinden.
Freuden: Hochgebirgswildnis
Karte, Spezialführer, Anreise: → siehe **Meije**

Der sehr abgelegene Berg wurde erstmals durch die Briten T. Cox, F. Gardiner, W. M. Pendlebury und C. Taylor mit Hans und Peter Baumann, Peter Knubel und J. M. Lochmatter am 19. Juni 1873 bestiegen.

Gipfelaufstieg: Von La Bérarde passablen, auch im Dunklen begehbaren Steig westlich des Vénéon nach Süden. Einige Bäche und einen Lawinenkegel queren. Nach 3 km nach SW ins Val Chardon. Darin weglos im nördlichen Teil des Talgrundes über Moränen und Firn weiter. Bei P. 2479 verlässt man den Talgrund und steigt nach rechts (W) über steile lehmige Hänge und Steilrinnen auf.

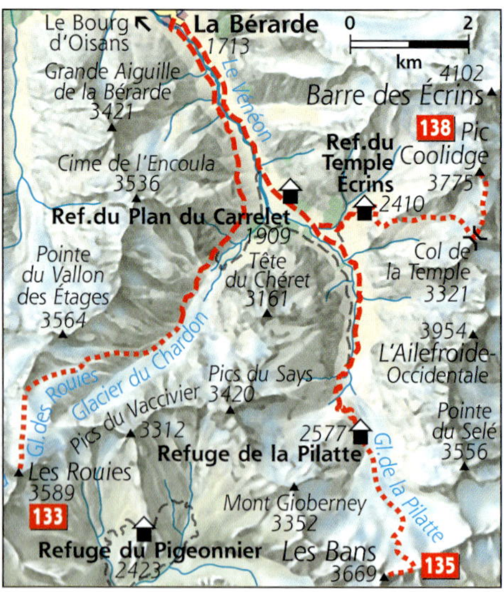

Dann nach links zum unterhalb der Pointe du Vallon des Etages gelegenen Glacier de l'Ane (2819 m). Von diesem bald nach links (S) hinab auf den Glacier des Rouies, den man so oberhalb der Eisbrüche bei P. 2945 erreicht. Nahe dem linken Ufer aufsteigen zum oberen Gletscherbecken des Glacier des Rouies. Nach SO in Richtung auf P. 3387 und zum Col des Rouies (3368 m). Über die vergletscherte N-Flanke (Spalten), zuletzt am Nordostgrat zum Gipfel.

Aussicht: Im Südosten Les Bans, im Westen der Olan

134 Montagne des Agneaux, 3664 m (397 mPr)

Ein Berg wie ein Gebirge

F I!

6 Std.

1780 mH

Schwierigkeiten: **F**, mit Kletterstellen I
Mühen: Hüttenaufstieg 670 mH (2 Std.), Gipfelaufstieg 1110 mH (4 Std.)
Gefahren: Moderat
Freuden: Meist zu teilen
Karte: → siehe **Meije**
Spezialführer, Anreise: → s. **Pelvoux**
Tourenkarte : → siehe **Ailefroide**

Der recht komplex gebaute Berg wird oft bestiegen. Erste Besteigung W. A. B. Coolidge mit Christian Almer u. a. 1873.

Montagne des Agneaux von SW, vom Vorfeld des Glacier Blanc

Hüttenaufstieg: Von *Ailefroide* noch mit Auto zur Parkplatzwüste beim Refuge Cezanne, breiten Weg talein, über felsigen Hang nach N hinauf, unter dem Glacier Blanc vorbei und zum *Refuge Glacier Blanc* (2542 m, CAF Briançon, 135 L, Juni–Sept., Tel. 0033/492/20 11 15)

Gipfelaufstieg: Nach O zum Glacier Jean Gauthier. Diesen hinauf und mit Links-Rechts-Bogen zum Col du Monêtier (3339 m). Nach O hinab auf den jenseitigen Gletscher, dann auf diesem nach N unter den Felsen des Pic Tuckett ansteigen und links in Rinne hinauf in das Col Tuckett (3529 m). 10 m links vom Col kurzen Kamin zum Südgrat. Daran oder rechts davon in den leichten Felsen der SO-Seite zum Gipfel.

Aussicht: Jede Menge Haut Dauphiné, im Osten Cottische Alpen

PD II !

8 Std.

2060 mH

Tourenkarte: → siehe **Meije**

135 Les Bans, 3670 m (392 mPr)

Der Felskopf über dem wilden Gletscher

Schwierigkeiten: Insgesamt **PD**, mit Kletterstellen II, kombiniert
Mühen: Zur Hütte 860 mH (3:30 Std.), Gipfelaufstieg 1200 mH (5 Std.)
Gefahren: Zerrissener Gletscher
Freuden: Eiswildnis
Karte, Spezialführer, Anreise: → siehe **Meije**

Kreuzungspunkt großer Bergkämme. Von La Bérarde zum Refuge Pilatte (2577 m, CAF Isère, 120 L, Tel. 0033/492/24 14 17), Gletscher zum Col Est des Bans und über Gratköpfe und am Nordostgrat zum Gipfel.

F

4 Std.

1910 mH

Tourenkarte: → siehe **Ailefroide**

136 Roche Faurio, 3730 m (363 mPr)

Der moderate Hüttengipfel des Refuge Écrins

Schwierigkeiten: Insgesamt **F**
Mühen: Zur Hütte 1350 mH (5 Std.), Gipfelaufstieg 560 mH (2:30 Std.)
Gefahren: Für Erfahrene und Geübte übersichtlich
Freuden: Aussichtspunkt zwischen Barre des Écrins und Grande Ruine
Karte: → siehe **Meije**
Führer, Hütte: → siehe **Montagne des Agneaux**

Vom Refuge Glacier Blanc nach W neben, später auf dem Gletscher zum *Refuge des Écrins* (3175 m; CAF Briançon, 120 L, Juni–Sept., Tel. 0033/492/23 34 77 und 23 46 66). Nach SW unter den Felsgraten von Pointe Hyppolite und Pointe Xavier Blanc vorbei und im nächsten seitlichen Gletscherbecken nahe dem westlichen Rand zum Gipfel.

PD II !

8 Std.

2340 mH

137 Pic Sans Nom, 3914 m (340 mPr)

Ebenbürtiger Nachbar des Pelvoux

Schwierigkeiten: Insgesamt **PD**, mit Kletterstellen II und I
Mühen: Zur Hütte 1200 mH (4 Std.), Gipfelaufstieg 1140 mH (5 Std.)
Gefahren: Gletscher, Eis- und Steinschlag
Freuden: Ein alpiner Berg
Karte, Spezialführer, Anreise: → siehe **Ailefroide, Mont Pelvoux**

Pelvoux (links) und Pic Sans Nom (rechts) von Norden, vom Pic Coolidge

Wie zum Mont Pelvoux, aber auf dem Glacier de Sialouze ganz hinauf bis zum Col du Pelvoux. Nahe dem Col durch Rinne oder daneben an Felssporn über die untere Felswand hinauf. Links waagerecht, später ansteigend über ein Band die ganze Flanke queren. In Rinnen zum Gipfel.

138 Pic Coolidge, 3774 m (295 mPr)

Der beliebte Aussichtsberg über dem Refuge Temple

F | I

7 Std.

1850 mH

Schwierigkeiten: **F**, mit Schutt und Firn
Mühen: Hüttenaufstieg 500 mH (2:30 Std.), Gipfelaufstieg 1350 mH (5 Std.)
Gefahren: Ein recht sanfter Berg
Freuden: Schöne Aussicht
Karte. Anreise: → siehe **Meije**

Hüttenaufstieg: Von La Bérarde im Tal südostwärts und 1 km hinter dem Refuge du Carrelet Zickzackweg nach NO zum *Refuge Temple-Écrins* (2410 m; CAF Isère, 64 L, Juni–Sept., Tel. 0033/476/84 00 04)

Gipfelaufstieg: Nach SO um den Fuß des SW-Grates herum und dann nach O hinauf zum Col de la Temple. Am Südgrat über Vorgipfel.

Aussicht: Écrins, Ailefroide, Pelvoux jeweils von ihren wilden Seiten

PD	II !
❄	
Hütte	9 Std.
Aufstieg	2250 mH

139 Pic Gaspard, 3883 m (155 mPr)

Der grandios anzusehende Trümmerhaufen

Schwierigkeiten: Insgesamt **PD**, mit Kletterei II und kombiniert
Mühen: Hüttenaufstieg 1200 mH (4 Std.), Gipfelaufstieg 1050 mH (5 Std.)
Gefahren: Ein zusammengefrorener, zeitweilig auftauender Schutthaufen
Freuden: Ein wilder Gipfel
Karte, Spezialführer, Anreise: → siehe **Grande Ruine**

Einer der hohen Berge des Gebirges. Erstbesteigung durch den Führer, dessen Namen er trägt. Zuerst wie zur Grande Ruine, dann westwärts zum Refuge du Pavé. Der Normalweg führt über die Ostflanke. Übersicht: Versicherten Steig rechts (O) vom Bach zum Kar. Links vom Gletscher oder auf ihm, oben in komplizierter Linie an brüchigem Fels zum Gipfel.

Pic Gaspard von Nordosten

140 Pic de la Grave, 3669 m (155 mPr)

Der Berg der kleinen Mühen

PD

3 Std.

480 mH

Schwierigkeiten: Insgesamt **PD**, mit Eis oder Firn bis 45°
Mühen: Gipfelaufstieg 480 mH (1:30 Std.)
Gefahren: Gletscher in der Aufstiegslinie von Pistenraupen planiert
Freuden: Einen ganz schön hohen und oben ganz netten Gipfel abzuhaken
Karte, Spezialführer, Anreise: → siehe **Meije**

Dies ist der höchste der Gipfel westlich des Râteau. Die erste Besteigung gelang W. A. B. Coolidge mit C. Almer und R. Kaufmann im Jahre 1880.
Dieser Pic liegt komplett außerhalb des Nationalparks – und das ist nicht zu übersehen. Von La Grave Bahn zur Bergstation Col de Rouillon (3211 m). Nach SW über den Gletscher zum nordseitigen Fuß des Gipfelaufbaus. Links der Falllinie des Seraks über den Bergschrund, steil gerade zum Vorgipfel, zuletzt Nordostgrat zum Gipfel. Im Osten Le Râteau, im Westen ein Verhau von Skizirkus.

141 Aiguille Dibona, 3130 m (51 mPr)

Die aufregend dünne Felsscheibe – der Kletterermagnet

PD III+

3 Std.

1275 mH

Schwierigkeiten: Insgesamt **PD**, mit Kletterei III+
Mühen: Zur Hütte 850 mH (3 Std.), Gipfelaufstieg 415 mH (1:30 Std.)
Gefahren: Ein übersichtliches Bergziel
Freuden: Idealfels
Karte, Spezialführer, Anreise: → siehe **Meije**

Diese von ihrer Schmalseite unglaublich schlanke Granitnadel beflügelt die Fantasie, auch wenn sie nicht sehr hoch und prominent ist.
Von Etages durch das Val Etancon zum *Refuge Soreiller* (2719 m; Société des Touristes du Dauphiné, 110 L, Juni–Sept., Tel. 0033/476/79 08 32). Links über Schutt, teils Steig unter der Westwand durch aufsteigen und nach rechts in die Scharte oberhalb der Nadel. In ihrer Westseite Verschneidung 20 m hinauf zu Block (III+), dann Platten (III) luftig zum Gipfel.

COTTISCHE ALPEN

Dies sind die Berge östlich der Haut Dauphiné bis hin nach Piemont und zur Poebene. Sie bestehen teils aus kristallinen Gesteinen, teilweise aber auch aus Kalk und werden vom alles überragenden Monviso dominiert.

Monviso Südflanke

142 Monviso, 3841 m (2075 mH)

Die Riesenpyramide über den Quellen des Po

PD+ III !

8 Std.

1920 mH

Schwierigkeiten: Insgesamt **PD+**, mit Kletterstellen III, weithin II
Mühen: Zur Hütte 620 mH (2:30 Std.), Gipfelaufstieg 1300 mH (5 Std.)
Gefahren: Ein weitläufiger, unübersichtlicher Berg mit deutlicher Tendenz zu Wetterstürzen bzw. vielen Leuten bei gutem Wetter. Die Orientierungsprobleme wurden mit reichlich Farbe beseitigt.
Freuden: Einer der ganz großen selbstständigen Berge der Alpen
Karten: Carte ign France 1:25 000, 3637 OT; IGC 1:50 000, No. 6 Monviso
Spezialführer: Giulio Berutti, Monviso, IGC Torino

Der alles ringsum überragende Felskoloss beherrscht Piemont und das Häusermeer von Torino und die anschließenden Weiten der Poebene und wird zugleich vom Klima dieser Lage beherrscht. Das kriegen auch die Besteiger zu spüren, wenn der Berg schon vor Mittag eine Wolkenkappe aufsetzt und alle, die noch dort oben sind, in Nebel wickelt, hinter dem sich auch gern Überfälle durch Gewitter vorbereiten. Da lernt man/frau schätzen, dass die Orientierung am günstigsten Weg durch dieses Felslabyrinth durch allerlei Begehungsspuren und gelbe Markierungen erleichtert wird. Die erste Besteigung dieses Giganten gelang den Briten William Mathews und William Jacomb mit Hilfe der brillanten Führer Jean Baptiste und Michel Croz am 30. August 1861. Der obere Teil des beliebten Ostgrates wurde erstmals 1887 von Guido Rey mit dem Führer Antonio Castagneri durchstiegen, mit Sockel erst 1902 durch Adolfo und Elena Kind, Ubaldo Valbusa und Alberto Weber.

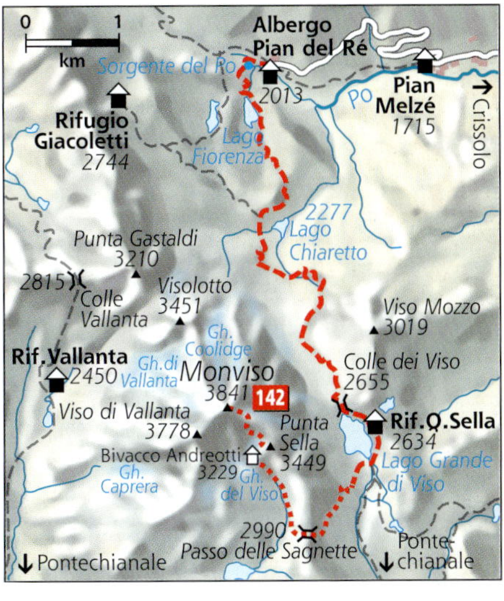

Anreise: Von Torino nach SW Autobahn nach Pinerolo, über Barge und Paesana nach *Crissolo* (1318 m) und hinauf zu den Parkplätzen des *Pian del Re* (2020 m, Hütte Tel. 0039/0175/949 67)

142 **Hüttenaufstieg:** Markierte Karawanenstraße in südlicher Richtung, am Lago Fiorenza und Lago Chiaretto vorbei zum am Lago Grande di Viso gelegenen *Rifugio Quintino Sella* (2640 m, CAI Monviso–Saluzzo, 135 L, Juni–Sept., Tel. 0039/0175/949 43)

Gipfelaufstieg: Nach SW ansteigen und in schuttiger Rinne – oder vorher rechts abzweigend über luftigen Klettersteig – zum Passo delle Sagnette (2991 m, 1:30 Std.). Jenseits ganz links kurz eine Rinne hinab und rechts hinüber zu Felsbändern und in den Grund des Kares. Darin hinauf, den zahlreichen Steinmännern folgend, zum Fuß des Moränenrückens des Visogletschers und zu einem mannshohen Steinmann (3100 m, 40 Min.).

An den »Fornelli«, der Schlüsselstelle der Monviso Südflanke

Nach einem flacheren Hang zunächst auf Blockmoräne, dann kurz auf dem Gletscher bis unter eine rötliche Felsstufe. Hier scharf nach rechts hinauf zum Bivacco Andreotti. Rasch zum Fuß des kleinen Gletschers (Ghiacciaio Sella, im mittleren Teil der Flanke; 25 Min.). Diesen nun ganz hinauf. Oberhalb auf einem auf- und absteigenden Band der üppigen gelben Markierung folgend nach links (W) queren zu kleinem Wasserfall (Steinschlag!). Rechts in rampenartiger Rinne zu Felsstufe. Diese links in kleiner Rinne umgehen und zu kleiner Schulter. Nach links in Kamin. Darin empor, dann links haltend hinauf zu einem kleinen Felsgrat. Auf diesem anfangs steil, aber an gut gegliedertem Fels zu Firnfeld (»Triangolo da Stiro«). Schräg links und über steile Felsen zu einem Steilaufschwung mit senkrechten Kaminen (»i Fornelli«). Diese ausgesetzt hinauf (obligatorische Schlüsselstelle, III, poliert, bei Vereisung grimmig, oberhalb Abseilhaken) zu einer Schulter. Über brüchigen Fels zum Fuß einer Felsnadel (»Testa dell'Aquila«). Eine breite Rinne queren, die den Südostgrat mit dem Ostgrat verbindet (bei Schnee heikel, Sicherungshaken vorhanden). Am Ostgrat in Rinne mit Kaminstücken und Stufen zum Gipfel. 2 Std. vom Ghiacciaio Sella.

Aussicht: Ringsum deutlich niedrigere Berge, fern im Westen Haut Dauphiné, im Norden Gran Paradiso und Mont Blanc, im Osten schier endlos die Poebene

Andere lohnende Routen: Ostgrat (AD, bis IV, 1000 mH)

143 Pic de Rochebrune, 3325 m (817 mPr)

Der elegante Felskegel östlich vom Col d'Izoard

F+ II!

7 Std.

1100 mH

Schwierigkeiten: Insgesamt **F+** (von Osten PD-), mit Kletterstellen bis II
Mühen: Gipfelaufstieg von W 1100 mH (4 Std.), von N und O von Les Fonts 1310 mH (5 Std.)
Gefahren: Schuttiger Fels macht Steinschlag besonders bei gleichzeitiger Anwesenheit mehrerer Partien spannend.
Freuden: Ein keck anzusehender Gipfel
Karte: Carte ign France 1:100 000, No. 54 Grenoble/Gap; ign Briançon 1:25 000, 3536 OT
Spezialführer: CAI Ferreri, Alpi Cozie Centrali, Milano 1982

Der felsige Berg kann von Westen und von Osten mit relativ geringer Schwierigkeit bestiegen werden. Bei der ersten bekannten Besteigung 1819 wurde am Gipfel – ebenso wie es heutigen Besteigern markanter Berge passieren kann – ein Gipfelkreuz vorgefunden.

Anreise: Von Briançon Route 902 über Cervières zum Col d'Izoard (2360 m). Für den Aufstieg von Osten: Von Cervières Piste nach O und SO zum *Refuge Les Fonts* (2035 m, privat, 70 L, 9 L immer offen, Juli–Sept.).

Gipfelaufstieg: **Vom Col d'Izoard** nach NO zum Col Perdu (2492 m). Jenseits Steigspuren 100 mH hinab und weiter zum vor dem Pic gelegenen Col des Portes (2850 m). Über breiten Rücken zu den Felsen.

Hier links in die Westflanke und dort in der ersten Rinne hinauf. Weiter oben links auf die Felsrippe, die diese Rinne von der zweiten trennt. Später in der zweiten Rinne zum Sattel beim Vorgipfel. Am Südgrat zum Gipfel.

Von Les Fonts Steig nach SSW im Tal in Richtung Col de Péas, aber oben in Nebental weiter westlich zum Colletto della Rochebrune, am Fuß der O-Flanke. Bei gutem Firn in der O-Schlucht, sonst an den nördlichen Felsen zum Sattel zwischen Vor- und Hauptgipfel. Südgrat zum Gipfel.

Aussicht: Im Westen Barre des Écrins, im Südosten Monviso.

144 Aiguille de Chambeyron, 3411 m (774 mPr)

PD II !

6 Std.

1500 mH

Der große Berg an der Südflanke der Cottischen Alpen

Schwierigkeiten: **PD**, mit Kletterstellen II
Mühen: Hüttenaufstieg 700 mH (2 Std.), Gipfelaufstieg 800 mH (4 Std.)
Gefahren: Die Besteigung eines Trümmerhaufens verlangt Vorsicht.
Freuden: Ein gewaltiger Berg
Karte: Carte ign France 1:25 000, 3537 ET; IGC 1:50 000, Monviso
Spezialführer: CAI S. Saglio, Alpi Cozie, Milano 1959

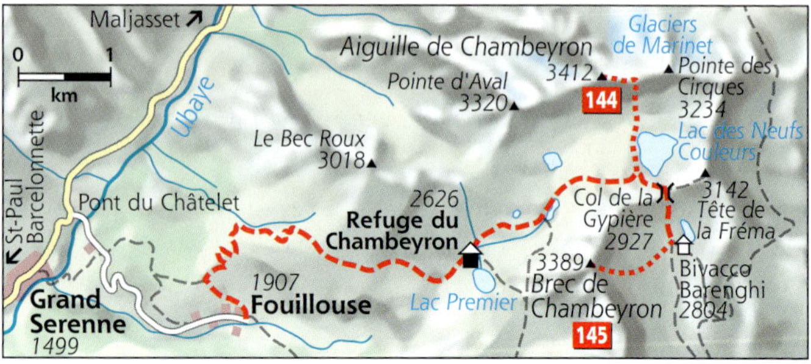

Großes, nordseitig vergletschertes Kalkmassiv an der Südseite der Cottischen Alpen, südwestlich vom Monviso, ist wegen seiner Lage im Schatten regenbringender Winde ein besonders trockener Ort, der Alpinisten mit 300–360 Schönwettertagen im Jahr verwöhnt.

Anreise: Von der 902 (Guillestre–Barcelonnette) in *St. Paul sur Ubaye* (1435 m) nach NO in Richtung Maljasset abzweigen und hinter Serenne nach SO über spektakuläre Brücke nach *Fouillouze* (1880 m)

Hüttenaufstieg: Vom östlichen Ortsausgang Steig zuerst nach NW, dann nach NO und O zum *Refuge du Chambeyron* (2626 m; CAF de la Vallée de l'Ubaye, 74 L, Juni–Sept., Tel. 0033/492/84 33 83)

Gipfelaufstieg: Das Tal nach NO hinauf bis vor den Lac des Neuf Couleurs. Nach N über den großen Schuttkegel hinauf, der von der tiefen Schlucht der SO-Seite herabzieht. Über breites, geneigtes Schuttband nach rechts hinauf. Es wird oben schmaler und endet am Rand einer senkrechten Rinne. Gerade über steile, brüchige Felsen 50 m hinauf zu einem schmaleren Band dicht unter dem

Aiguille de Chambeyron (hinten) von Nordwesten

Grat. Über dieses Band in die Hauptschlucht. Darin hinauf zum Südostgrat. Daran, Zacken ausweichend und teils unterhalb der Grathöhe bleibend, zum Gipfel. 144

Aussicht: Pic de la Font Sancte (NW) und Brec de Chambeyron (S)

145 Brec de Chambeyron, 3389 m (459 mPr)

Der schroffe Bruder der Aiguille

PD III !

6 Std.

1450 mH

Schwierigkeiten: Insgesamt **PD**, mit Kletterstellen III
Mühen: Hüttenaufstieg 700 mH (2 Std.), Gipfelaufstieg 750 mH (4 Std.)
Gefahren: Ein ernsthafter Kletterberg
Freuden: Ein imponierender Kletterberg
Karte, Spezialführer, Anreise, Hütte: → siehe **Aiguille de Chambeyron**

Vom Lac des Neuf Couleurs nach S über das Col de la Gypière (2930 m) und absteigen zur Ostseite des Berges (Biwakschachtel). Über Schutt und gegliederte Felsen, zuletzt in einem steilen Kamin (III) zum Gipfel.

146 Pic de la Fonte Sancte, 3387 m (681 mPr)

Der südwestlichste Hochgipfel der Cottischen Alpen

PD- I !

P 11 Std.

1750 mH

Schwierigkeiten: Insgesamt **PD-**, mit Stellen I (von SO AD mit Klettern III).
Mühen: Gipfelaufstieg 1600 mH (7 Std.)
Gefahren: Schrofiges Gelände
Freuden: Unbelecktes Hochgebirge
Karte: Carte ign France 1:25 000, 3537 ET
Spezialführer, Anreise nach Maljasset: → siehe **Aiguille de Chambeyron**

Tourenkarte: → siehe **Aiguille de Chambeyron** (nur Südostanstieg)

Dieser Berg ist am leichtesten von Westen her erreichbar und im April/Mai eine alpine Skitour (auch später im Couloir Firn). Von Südosten nur etwas für Menschen mit alpiner Allrounderfahrung (III).

Anreise: Vom Val Durance über Guillestre (1026 m). Nach SO die 902 in Richtung St. Marcellin hinauf bis 1600 m, dann Nebensträßchen nach N ins Val d'Escrains nach Haute Rua (1781 m, P, 1 km davor Refuge).

Gipfelaufstieg von NW: Das Tal nach OSO hinauf, an der Cabane des Chalances vorbei und zum Berg. Im zwischen dem höheren

146

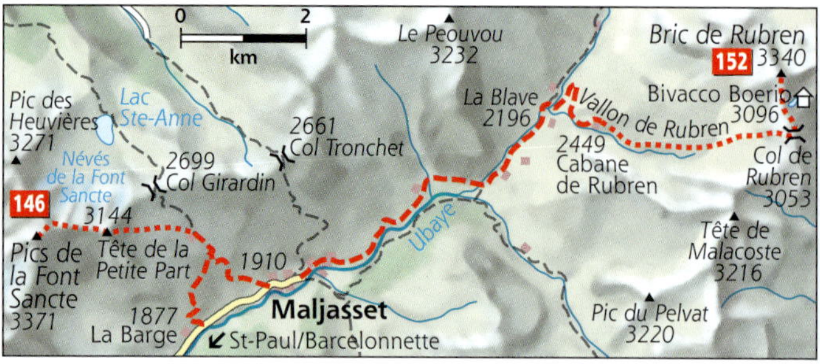

N-Gipfel und dem S-Gipfel herabziehenden, anfangs steilen Couloir ansteigen. Dann nach links hinaus weniger schwierig schrofig und schuttig zum Gipfel.

Gipfelaufstieg von SO: Von *Maljasset* (Châlet de Maljasset, 1903 m; CAF Maljasset, 58 L, Juni–Okt., Tel. 0033/492/84 34 04) nach NW steil hinauf zum Kessel unter dem »Tête de la Petite Part«. Über diesen nordseitig zum Sattel »Pas de la Petite Part« (3:30 Std.). Am teils schmalen Grat, Türme heikel umgehend, zum Sattel »Pas Est« vor dem schroffen Gipfelaufbau. Nordseitig brüchig queren, dann Kaminreihe zum Gipfel.

Aussicht: Im SO die Aiguille de Chambeyron von ihrer kalten Seite

147 Punta Ramière – Bric Froid, 3302 m (673 mPr)

F I

P 7 Std.

1500 mH

Gleichmäßige vierseitige Pyramide im Grenzkamm

Schwierigkeiten: **F**, mit Kletterstellen I
Mühen: Zum Gipfel 1500 mH (4:30 Std.)
Gefahren: An einem schönen Sommertag kein Ort zum Fürchten

Freuden: Ein Wanderberg
Karten, Spezialführer: → siehe **Pic de Rochebrune**

Anreise: Östlich vom Col de Montgenèvre von Cesana Torinese auf der Straße im Talgrund ostwärts bis hinter Bousson. Nun nach Südosten das Val Thura über *Thures* hinauf bis zum Ende der Straße.

Gipfelaufstieg: Im Tal aufsteigen bis 1 km vor das Col Turres. Steig nach links (NO) in Seitental hinauf zum Colle della Ramière (3007 m, auch Steig von N vom Val Ripa). Am Nordwestgrat zum Gipfel.

Aussicht: Im Westen die großen Klötze der Haut Dauphiné

148 Mont Oronaye – Tête de Moisie, 3100 m (569 mPr)

Die verfallende Grenzfestung

PD+ III !

7 Std.

1150 mH

Schwierigkeiten: Insgesamt etwa **PD+**, mit Kletterstellen III und II an brüchigem Fels, ostseitig an Steiganlage in fraglichem Erhaltungszustand. Für Abstieg Abseilen einkalkulieren!
Mühen: Gipfelaufstieg 1150 mH (4 Std.)
Gefahren: Durch mäßige Felsqualität ernsthafter Aufstieg
Freuden: Aussicht zum Monviso
Karte: Carte ign France 1:25 000, 3538 ET Aig. de Chambeyron
Spezialführer: CAI Saglio, Alpi Cozie, Milano 1959

Als Grenzberg hatte der lokal dominierende Felsbau strategische Bedeutung, was mit Ausbruch der europäischen Einigung herzhaft obsolet geworden ist. Entsprechend wird nicht mehr seitens der Staatsmacht in die Erhaltung der Steiganlagen investiert – was sich mit der Besinnung auf den Wert des Tourismus auch wieder ändern könnte.

Anreise: Vom Col della Maddalena (1948 m, frz. auch Col de Larche, Gasthaus) zwischen Barcelonette und Cuneo bzw. zwischen Larche und Grangie/Argentera 1 km nach NW zum Ausgang des Tals des Torrente d'Oronaye zu Parkplätzchen oberhalb der Straße.

Gipfelaufstieg: Im Tal Steig nach NO hinauf bis vor das Bergmassiv. Nun nach SO zum Lac d'Oronaye. Von dort Steigspuren folgend nach NO zum Col de Feuillas. Unter der Ostwand des Berges queren zu Einschnitt. Darin einer rot markierten Steiganlage folgend zu Resten einer Militärbaracke nahe einer Scharte. Nun weit nach links queren (Drahtseile) und über Schuttband zur Schulter des SO-Grates (Forcella Dronero). Noch vor dieser rechts an Eisenleiter über weiße Felswand und bald gestuft zum Gipfel.

148

Alternative, vermutlich mühsamer und schwieriger: Auf dem Steig zum Col de Feuillas nur bis zum Fuß der Schrofen. Gelbliche Schuttrinne und Schlucht in Richtung auf die Scharte zwischen östlichem Vorgipfel und Gipfel mühsam zu Gabelung. Links über Felsstufe, ein großes Band, eine schlecht griffige Wand und eine Rinne zur Südkante. Daran zum Gipfel.
Aussicht: Im Nordosten alles beherrschend der Monviso

F | I

4:30 Std.

700 mH

149 Rognosa di Sestrière, 3280 m (510 mPr)

Der friedliche Aussichtsberg über den Liften

Schwierigkeiten: **F**, mit Kletterstellen I
Mühen: Gipfelaufstieg ab Bergstation del Sises 900 mH (3 Std.), vom Tal 350 mH mehr (4 Std.)
Gefahren: In homöopathischer Dosis
Freuden: Schöne Aussicht
Karte: Karte »Alpes sans frontières« 1:25 000, Blatt Sestière
Spezialführer: Ferreri, CAI Führer Alpi cozie centrali, Milano 1989

Anreise: Östlich des Colle Montgenèvre von Cesena Torinese in Seitental nach *Sestrière* (2000 m) und zur Seilbahn-Bergstation De Sises (2594 m)
Gipfelaufstieg: Nach O Steig südseitig unter Mont Querellet vorbei zum Sattel Passo San Giacomo (2638 m, hierher auch zu Fuß von N vom Valle Chisonetto her). Nach O weiter, Felsen rechts (S) umgehen und über Schutt hinauf zur Grathöhe der Rocca San Giacomo (2784 m). Auf dem breiten Westgrat zum Gipfel.

Aussicht: Im S Bric Froid (Punta Ramière), im SO Monviso

150 Punta Merciantaira – Gran Gaiza, 3293 m (495 mPr)

Der Schutthaufen im Talschluss über Fonts

F | !
P 6 Std.
1270 mH

Schwierigkeiten: **F**, schrofig und schuttig
Mühen: Gipfelaufstieg 1270 mH (4 Std.)
Gefahren: Keine besonderen
Freuden: Naturnaher Hatscher
Karte, Spezialführer, Anreise, Hütte: → siehe **Pic de Rochebrune**

Im Winter eine Skitour, im Sommer ein Hatscher. – Von *Les Fonts* nach O den Grande Rondonnée Tour du Queyras bis vor den Anstieg zum Pic du Malrif. Hier links halten und über die Südwestflanke hinauf zum Gipfel.

151 Mont Aiguillette, 3284 m (472 mPr)

Eine herbe Unternehmung

F | !
P 6 Std.
1200 mH

Schwierigkeiten: Insgesamt **F**, mit Kletterstellen I
Mühen: Gipfelaufstieg 1200 mH (4 Std.)
Gefahren: Bei schönem Wetter ist hier ein Sonnenstich zu fürchten.
Freuden: Aussicht zum Monviso!
Karte, Spezialführer: → siehe **Pic de Rochebrune**

Auf einigen Karten wird die sonst weiter westlich im Kamm benutzte Bezeichnung **l'Asti** auch für diesen Berg eingetragen.
Mit Auto von Süden über Casteldelfino nach *Chianale* und zur Kehre, wo die Straße den Talgrund nach NW verlässt. Hier im Talgrund weiter bis hinter eine links gelegene Häusergruppe (2200 m). Nach N entlang Wasserfällen hinauf ins Vallone del Pis. Oberhalb der Steilstufe über Gras und Schutt ansteigen und oben nach rechts zum Südgrat des Berges. Daran, die vielen Türme umgehend, zum Gipfel.

152 Bric de Rubren – Mongióia, 3340 m (466 mPr)

F !!

8 Std.

1400 Hm

Der Klamottenberg à la »walk for miles«

Schwierigkeiten: F, mit Kletterstellen I
Mühen: Gipfelaufstieg 1400 mH (5 Std.)
Gefahren: Keine speziellen
Freuden: Ein Ausguck auf die Monviso-Westseite
Karte, Anreise: → siehe **Aiguille de Chambeyron**
Hütte: → siehe **Pic Font Sancte**

Von *Maljasset* das Tal etwa 7 km hinauf, dann rechts, ostwärts das Val Rubren hinauf zum Passo di Mongióia (3164 m, auch Col Rubren). Von dort auf dem breiten Südgrat zum Gipfel.

153 Monte Albergian, 3043 m (430 mPr)

F

3 Std.

600 mH

Der Komfortberg über dem Val Chisane

Schwierigkeiten: Insgesamt **F**
Mühen: Zum Gipfel 600 mH (1:30 Std.)
Gefahren: Kaum
Freuden: Kostenpflichtiges Vergnügen
Karte, Spezialführer, Anreise: → siehe **Punta Ramière**

Von *Pragelato* (erreichbar von Cesana Torinese oder auch von Susa über Panoramastraße Colle delle Finestre) mit Kabinenbahn auf den Clot de Somma (2420 m). Auf ehemaligem Militärsträßchen nordostwärts, ostseitig um den Gran Miul herum zum dahinter gelegenen Sattel.

Am Grat, die Felsen ostseitig vermeidend, hinauf zum Gipfel.

SEEALPEN

Dies sind die südlichsten Ketten des großen Alpenbogens. Von ihren Gipfeln lässt sich tatsächlich das Mittelmeer sehen.

Im Parc Nationale Mercanteira

154 Cima Argentera Sud, 3297 m (1301 mPr)

Der höchste Gipfel der Seealpen

PD- I A0 !

4 Std.

1400 mH

Schwierigkeiten: Insgesamt **PD-**, mit Kletterstellen I A0 (frei III-)
Mühen: Hüttenaufstieg 500 mH (2 Std.), Gipfelaufstieg 800 mH (2:30 Std.)
Gefahren: Bei etwas Umsicht und Trittsicherheit in gutem Wetter nicht gefährlich. Bei Nebel erhebliche Orientierungsschwierigkeiten.
Freuden: Ein Besuch auf einem regionalen König
Karte: Carta sentieri e rifugi 1:25 000, Parco nationale dell'Argentera etc.; Carte ign France 1:100 000, No. 61 Nice/Barcelonnette
Spezialführer: CAI Montagna-Montaldo – Salesi, Alpi marittime, Vol. 2

Eindrucksvoller Felsbau. Der ganz auf italienischem Gebiet gelegene Gipfel ist Teil des Naturparks Valdieri. Die erste Ersteigung der Argentera Sud unternahmen W. A. B. Coolidge mit Vater und Sohn Christian Almer am 18. August, indem sie von Terme aus den gesamten Nordgrat einschließlich des Nordgipfels überschritten und auch auf der gleichen Route am gleichen Tag noch zurückkehrten! Den heutigen Normalweg fanden G. Dellepiane und U. Ponta mit R. Audisio 1882.

Anreise: Mit Bus oder Auto von Cuneo über Borgo San Dalmazzo nach SW hinauf bis nach *Therme di Valdieri* (1368 m)

Hüttenaufstieg: Im Tal Valle della Valletta weiter hinauf (zuerst noch Pkw möglich, als III. Grad fürs Auto bis Pin del Re, 1760 m). Nun nach O links vom Bach, nur einmal kurz rechts davon, auf gutem

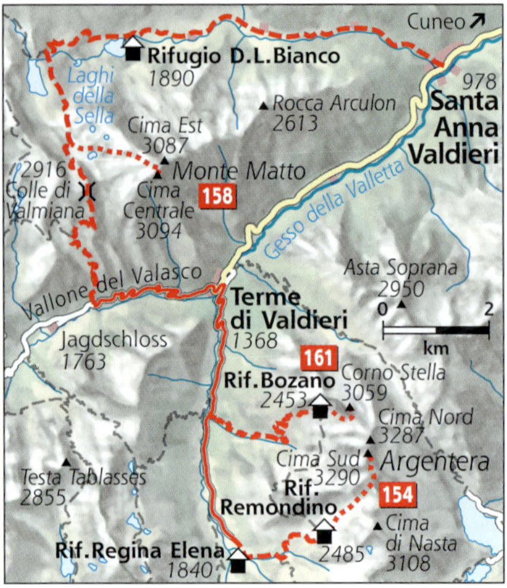

Steig hinauf zum *Rifugio Remondino* (2430 m; CAI Cuneo, 50 L, Tel. 0033/0171/973 27).

Gipfelaufstieg: Über großblockige Moränen ins obere Kar und über Firn und steilen Schutthang (Pfad) hinauf zum Passo dei Detriti. Links in steilem Felsgelände querend zum Beginn eines luftigen Bandes (zwei Kriechstellen, II, Fixseil). Auf diesem in der Südwand bald rampenartig steiler, zuletzt in Verschneidung (III oder A0, Fixseil) zum Gipfel.

Aussicht: Wie es sich für den höchsten Gipfel des südlichsten Gebirges der Alpen erwarten lässt, Blick bis zum Meer und in die Weiten der Poebene und im Norden immer noch zu den ganz großen Alpenbergen

Nebengipfel: Nordgipfel vom Südgipfel schwierig (Abseilen, III+)

Andere lohnende Routen: Südgrat (AD, 3:30 Std.)

Gipfelaufbau derArgentera Sud

Mont Pelat von Osten

155 Mont Pelat, 3052 m (724 mPr)

Der sanfte Berg über dem idyllischen See

F- Steig

5 Std.

920 mH

Schwierigkeiten: Insgesamt **F-**, Steig
Mühen: Gipfelaufstieg 940 mH (3 Std.)
Gefahren: Bei sommerlichen Verhältnissen harmlose Wanderung

Freuden: Tag in idyllischer Landschaft
Karte: Carte Didier & Richard, 1:50 000, Alpes de Provence Tinee Ubaye; Carte ign France 1:100 000, No. 61 Nice/Barcelonnette

Dieser sanft gerundete und begrünte Berg ist der nordwestlichste markante Gipfel des entlang der französischen Seite der Grenze eingerichteten Parc National du Mercantour. Durch bequeme Erreichbarkeit oft bestiegen.

Anreise: Von Barcelonnette die D 908 nach S über das Col d'Allos (2240 m) 36 km nach *Allos* (1415 m). Nach O hinauf zum Parkplatz (2110 m).

Hütte: 45 Min. südlich vom Parkplatz *Refuge du Lac d'Allos* (2230 m; Tel. 0033/492/83 85 14) am idyllischen See

Gipfelaufstieg: Vom Parkplatz nach SO zur anderen Seite des Tälchens und dann gleich links Steig nach NO und N in weiten Kehren zum Gipfel

Aussicht: Im Nordosten Aiguille und Brec du Chambeyron

Tête de Siguret von Süden

F	I !
P	6:30 Std.
	1230 mH

156 Tête de Siguret, 3032 m (682 mPr)

Der Berg über den verrottenden Grenzfestungen

Schwierigkeiten: Insgesamt **F**, mit Kletterstellen I
Mühen: Gipfelaufstieg 1230 mH (4 Std.)
Gefahren: Ein schrofiger Berg
Freuden: Ein einsamer Gipfel
Karte: Carte ign France 1:60 000, 06 Queyras – Ubaye
Anreise: → siehe **Monte Oronaye**

Große, von fern elegante Pyramide aus recht mäßigem Material.
Gipfelaufstieg: Vom Nationalparkort *Larche* (1800 m) nach SW auf Steiglein in Richtung Tête du Plat Longue durch Wald und Wiesengelände hinauf, oben nach rechts (W) unter dem Felskopf Tête de l'Ours vorbei und am Grat in westlicher Richtung zum Gipfel
Aussicht: Im Norden Aiguille de Chambeyron

157 Sommet de Gélas (Cima dei Gelàs), 3143 m (672 mPr)

Der hohe Felsgipfel über den Quellen der Vesubie

PD	II
❄	
P	8 Std.
▲	1250 mH

Schwierigkeiten: Insgesamt **PD**, mit Kletterstellen II
Mühen: Gipfelaufstieg 1250 mH (5 Std.)
Gefahren: Die Gipfelrinne verlangt bei Firn Eisausrüstung, ausgeapert muss man sich vor den Steinen in Acht nehmen.
Freuden: Ein interessanter Aufstieg
Spezialführer: CAI M. Bruno, Alpi Marittime, Clapier-Maledia-Gelàs, 1973
Karte: → siehe **Argentera**

Die erste Besteigung des ansehnlichen Gipfels gelang Paolo und Giacinto di Saint-Robert, C. Meynardi, G. B. Abba und A. Audisio am 17. Juli 1864.

Anreise: Von Nizza über Route 202 und dann 2565 nach *St-Martin-Vésubie* (1500 m). Sträßchen hinauf zum Sanctuaire la Madone de Fenestre und dem *Refuge de la Madone de Fenestre* (1903 m, CAF Alpes Maritimes, 62 L, Tel. 0033/493/03 91 02)

Gipfelaufstieg: Zuerst gemeinsam mit dem GR 52, dann bei Gabelung rechts weiter, immer nach NO, östlich am Lac Fenestre vorbei, zum Collet du Lac de Fenestre (2450 m). Insgesamt in gleicher

Clapier (links), Maledia und Cima dei Gelàs von der Argentera Sud

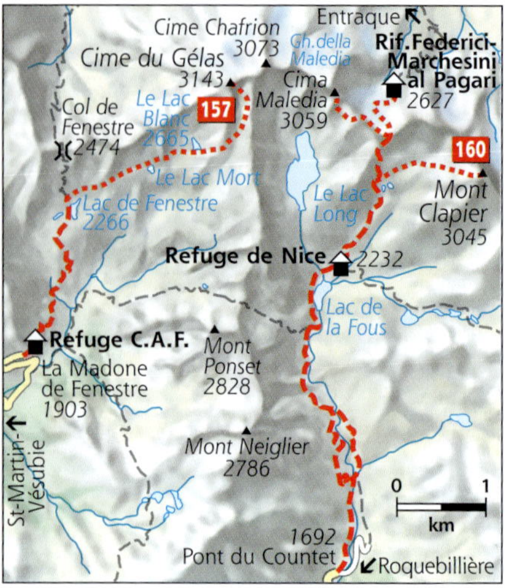

Richtung am Lac Mort und Lac Blanc vorbei bis unter den Gipfelaufbau des Gélas. Zuerst rechts der steilen Ostrinne zur Schuttterrasse. Links in die enge Rinne. Darin hinauf bis 10 m vor ihr Ende. Rechts ansteigend über Fels (oder auch direkter, II) zum Grat. Leicht nach Norden zum Gipfel.

Aussicht: Im Nordwesten die Argentera, im Süden das Mittelmeer

Nebengipfel: Der etwas weiter östlich gelegene Vorgipfel Balcon (3085 m) ist vom Fuß der Ostflanke nach rechts ansteigend leicht erreichbar (F).

PD+ III- **!**

7 Std.

2080 mH

158 Monte Matto Centrale, 3097 m (554 mPr)

Die Bergmasse nördlich von Terme di Valdieri

Schwierigkeiten: Insgesamt **PD+**, mit Kletterstellen III-
Mühen: Zur Hütte 880 mH (3 Std.), Gipfelaufstieg 1200 mH (4:30 Std.)

Gefahren: Am Gipfelgrat luftige Kletterei
Freuden: Selten bestiegener Gipfel
Karte, Spezialführer, Anreise: → siehe **Argentera Sud**

Tourenkarte: → siehe **Argentera Sud**

Der massige Berg, die Südseite von Schluchtrinnen zerfurcht, die Nordseite bis weit hinauf mit Moränen, Seelein und Rundhöckergelände als Relikte dahingeschiedener Gletscher bedeckt, ist ein selten besuchtes Ziel. Die erste Besteigung gelang W. A. B. Coolidge mit Christian Almer 1879.

Hüttenaufstieg: Von *San Anna di Valdieri* (1010 m) nach NW ins Valle della Meris hinauf zum *Rifugio Bianco* (1890 m; CAI Cuneo, 71 L, Tel. 0039/0171/973 28; Schlüssel in San Anna, Tel. 0030/0171/971 78)

Gipfelaufstieg: Steig in Richtung Colle Valemina bis zum Tälchen P. 2456. Nun nach O (Pfadspuren) zu den Seen Laghi di Matto, dann nach SO hinauf zur Scharte Forcella del Matto (3000 m, zwi-

schen Monte Matto Est und Monte Matto Centrale). Am Nordostgrat steil (III) zum Gipfel. 158
Aussicht: Im Südosten steil und schroff die Argentera
Nebengipfel: **Cima Est** (3088 m, 88 mPr) von der Scharte leicht (F)

159 Mont Ténibre, 3031 m (525 mPr)

Der große Grenzgipfel oberhalb von St-Etienne-de-Tinée

F+ I
5 Std.
1900 mH

Schwierigkeiten: Insgesamt **F**, mit Kletterstellen I
Mühen: Hüttenaufstieg 1400 mH (4 Std.), Gipfelaufstieg 500 mH (3 Std.)
Gefahren: Bei Sommerbedingungen minimal; Sicht für Orientierung nötig
Freuden: Ein Wanderberg
Karte, Spezialführer: → s. **Mont Pelat**

Der höchste Berg im Bereich Tinée. Es tut der Landschaft und dem Tourismus gut, dass das Projekt, den Lac Rabuons zur Erzeugung von Wasserkraft zu nutzen, unvollendet blieb und lediglich einen ungewöhnlich komfortablen Hüttenzustieg erzeugt hat.
Anreise: Von Jausiers bei Barcelonnette auf der D 2205 nach Süden nach *St-Etienne-de-Tinée* (1144 m; Gîte d'Etape).
Hüttenaufstieg: Steig nach NO zum Lac de Rabuons und *Refuge de Rabuons* (2523 m; CAF Nice, 36 L, Tel. 0033/493/23 04 11)
Gipfelaufstieg: Steig nördlich am See vorbei und nach N durch glazial geprägte Karlandschaft mit weiteren Seen zum Sattel Pas de Rabuons (2872 m). Unterhalb des Grates nach SW Schutt querend zu schmaler Scharte südlich vom Gratbuckel P. 2993. Hier erst wird der Mont Ténibre sichtbar. Mit etwas Kletterei (I) hinüber und auf den höchsten Punkt.
Aussicht: Im Norden der Monviso
Nebengipfel: Beide nur in Kletterei zu erreichen

F-

3 Std.

1360 mH

160 Mont Clapier, 3045 m (226 mPr)

Der südlichste Dreitausender der Alpen

Schwierigkeiten: Insgesamt **F-**, mit Kletterstellen I
Mühen: Hüttenaufstieg 540 mH (2 Std.), Gipfelaufstieg 820 mH (2 Std.)
Gefahren: Ein recht friedlicher Berg
Freuden: Ein großartiger Aussichtspunkt
Karte, Spezialführer: → siehe **Sommet de Gélas**

Die erste Besteigung des ostseitig schroffen Gipfels erfolgte durch einen Capitan Cossato im Jahr 1832.
Anreise: Über Route 202 und dann 2565 bis *Roquebilière* (522 m; 10 km südlich von St-Martin-de-Vesubie). Nach O hinauf zum Belvedere und dann nach NO im Vallone della Gordolasca bis zum Ende des Sträßchens beim Eingang zum Nationalpark Mercantour (1780 m, 17 km).
Hüttenaufstieg: Im Tal Steig nach N zum *Refuge Nice* (2232 m; CAF Alpes Maritimes, 80 L, Juni–Sept., Tel. 0033/661/97 59 38)
Gipfelaufstieg: Nach N in Richtung Passo Pagari bis zu kleinen Seen (2527 m). Nun nach O durch weites Tal, später Bergrücken zum Gipfel.
Aussicht: Ähnlich der vom Sommet de Gélas
Nebengipfel: Die schnittige **Maledia** (3061 m, 136 mPr) verlangt Kletterei: Vom Passo Pagari den ersten hohen Aufschwung des SO-Grates links umgehen, dann über fünf Gratzacken zum Gipfel (170 m, PD, 2 Std.).

D IV+ !

7 Std.

1200 mH

161 Corno Stella, 3050 m (125 mPr)

Der schwierigste Berg der Seealpen

Schwierigkeiten: **D**, mit Kletterstellen IV+
Mühen: Hüttenaufstieg 600 mH (2 Std.), Gipfelaufstieg 600 mH (4 Std.)
Gefahren: Ein Berg nur für erfahrene Kletterer. Abstieg mit Abseilen, das sicher beherrscht werden muss.
Freuden: Ziel und Weg von gleichermaßen herausragender Qualität
Karte, Spezialführer, Anreise: → siehe **Argentera**

Der Corno Stella ist ein markanter Felsklotz aus kompaktem Gneis. Er ragt aus dem Gratkamm, der von der Argentera nach Westen zieht. Der ganz schön scharfe Kletterberg der Seealpen wurde erst

Corno Stella (rechts) vom Gipfel der Argentera Sud

am 22. August 1903 durch den Chevalier Victor de Cessole mit den Führern Andrea Ghigo und Jean Plent über die Südwand erobert.

Hüttenaufstieg: Von Terme Valdieri 4 km talein, dann Steig nach O zum *Rifugio Bozano* (2453 m; CAI Ligure, 40 L, Tel. 0039/0171/973 51)

Gipfelaufstieg: Hinauf zur S-Wand. Einstieg in Gipfelfalllinie. Über leichte Felsen zu schrägem grasigen Band, das nach links emporzieht und in der Mitte durch ein Couloir unterbrochen ist. Nach links zum höchsten Punkt des unteren Teils des Bandes. Links von Riss 10 m hinauf über steile Platte (IV), dann oben am Grat zwischen Platte und Riss. Danach der Felsrille oberhalb des Risses folgen zu Stand auf Gras. Nun 70 m über Platte luftig unter Überhang nach rechts (O) queren (III) zu einem nach links emporziehenden Quarzband. Im rechten von drei Kaminen über eine Stufe. Bald nach links aufwärts durch Rinne und Kamin zum Fuß von schwarzen Felsen. Links der schwarzen Platte über Stufe aus weißem Fels hinauf (»mauvais pas«, 22 m, IV+). Oben kleiner Sicherungsplatz. Feinen Riss hinauf (III+), links an Überhang vorbei. Nun links eine Platte 60 m queren (III). Links von kleinem Grat an Riss und steilerer Platte in eine grasige Rinne, die zum Gipfelplateau führt. Grat zum höchsten Punkt.

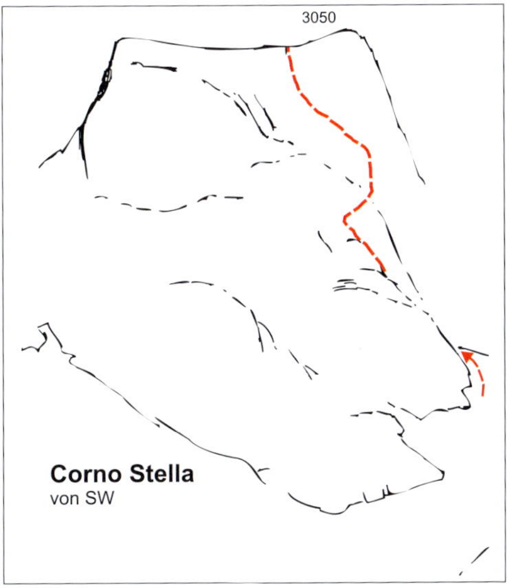

Zahlenspiele:

Die markanten 3000er der nördlichen Alpen nach ihrer Prominenz

Die Prominenz wird in Metern über der tiefsten Scharte zum nächsthöheren Berg angegeben. Die Kürzel geben die Begründung der Aufnahme in die Auswahl trotz Unterschreiten der Prominenz von 400 Metern an:

H	=	große Höhe bei noch beachtlicher Prominenz	»H-Klasse«
S	=	besonders steil, schlank, scharf, sensationell	»S-Klasse«
P	=	besonders populär (auch Seilbahngipfel)	»P-Klasse«

		Höhe	Prominenz
142	Monviso	3841 m	**2075**
52	Haute Cime – Dents du Midi	3257 m	**1796**
1	Rheinwaldhorn	3402 m	**1597**
110	Aig. Méridional d'Arves	3510 m	**1454**
154	Cima Argentera Sud	3297 m	**1306**
13	Monte Leone	3553 m	**1180**
90	La Dent Parrachée	3697 m	**1180**
111	Pic Bayle	3465 m	**1177**
83	Aig. de la Grande Sassière	3747 m	**1139**
98	Pointe du Charbonnel	3751 m	**1139**
91	Mont Pourri	3779 m	**1127**
92	Grande Casse	3852 m	**1082**
99	Pierre Menu – Aig.Scolette	3508 m	**1074**
100	Pointe Clairy	3163 m	**979**
14	Blinnenhorn	3379 m	**965**
2	Basodino	3274 m	**961**
3	Gannaretsch	3040 m	**931**
27	Mont Nery	3076 m	**906**
4	Piz Medel	3211 m	**854**
84	Testa del Rutor	3486 m	**849**
101	Mont Ciusalet	3312 m	**835**
118	Meije	3983 m	**824**
39	La Ruinette	3875 m	**822**
93	Grand Roc Noir	3583 m	**819**
143	Pic de Rochebrune	3325 m	**817**
119	Pic Ouest de Combeynot	3155 m	**815**
94	Sommet de Bellecôte	3417 m	**812**
5	Scopi	3190 m	**792**
40	Aiguilles Rouges d'Arolla	3644 m	**789**
144	Aiguille de Chambeyron	3411 m	**774**
95	Aiguille de Péclet	3561 m	**765**
120	Ailefroide	3953 m	**758**

		Höhe	Prominenz
6	Piz Campo Tencia	3072 m	**754**
71	Mont Bério Blanc	3252 m	**736**
75	Monte Emilius	3559 m	**733**
54	Tour Sallière	3219 m	**725**
155	Mont Pelat	3051 m	**724**
7	Pizzo Rotondo	3192 m	**714**
76	Grivola	3969 m	**714**
15	Scherbadung	3211 m	**702**
72	Grande Rochère	3326 m	**701**
102	Uia de Ciamarella	3676 m	**689**
112	Rocca Bernauda	3228 m	**687**
156	Tête de Siguret	3032 m	**682**
146	Pic de la Fonte Sancte	3387 m	**681**
147	Bric Froid – Pta. Ramière	3302 m	**673**
157	Cima dei Gelas	3143 m	**672**
28	Becca de Luceney	3504 m	**646**
29	Testa Grigia	3315 m	**643**
41	Les Bouquetins	3838 m	**626**
42	Mont Velan	3731 m	**625**
43	Mont Gelé	3518 m	**619**
53	Le Buet	3099 m	**615**
103	Rognosa d'Etache	3286 m	**601**
77	Punta Tersiva	3512 m	**596**
68	Aiguille de la Trélatête	3930 m	**588**
113	Grand Galibier	3229 m	**584**
121	Vieux Chaillol	3163 m	**580**
73	Monte Fallère	3061 m	**577**
8	Bruschghorn	3056 m	**570**
148	Pic Oronaye – Tête Moisie	3100 m	**569**
114	Pic du Thabor	3204 m	**562**
122	Pointe de Malhaubert	3049 m	**558**
123	Pic de Parières	3076 m	**557**
124	Olan	3564 m	**554**

		Höhe	Prominenz
158	Monte Matto Centrale	3097 m	**554**
125	Pointe de l'Aiglière	3308 m	**547**
30	Grand Tournalin	3379 m	**533**
74	Pointe Lechaud	3128 m	**525**
126	Roche de la Muzelle	3465 m	**525**
159	Mont Ténibre	3031 m	**525**
149	Rognosa di Sestrière	3280 m	**519**
16	Helsenhorn	3272 m	**508**
127	Tête de Soulaure	3242 m	**507**
96	Pointe de l'Échelle	3422 m	**506**
104	Rocca d'Ambin	3382 m	**506**
115	L'Argentier – Punta Nera	3046 m	**505**
44	L'Evêque	3716 m	**503**
150	P. Merciantaira – Gr. Gaiza	3293 m	**495**
55	Aiguille du Chardonnet	3824 m	**492**
105	Croix Rousse	3566 m	**484**
31	Becca di Viou	3032 m	**483**
17	Wasenhorn	3245 m	**475**
78	Torre di Lavina	3308 m	**475**
151	Mont Aiguillette – Asti	3284 m	**472**
85	Levanna Centrale	3619 m	**469**
56	Aiguille d'Argentière	3901 m	**468**
116	Rochers Charniers	3067 m	**468**
152	Bric de Rubren – Mongióia	3340 m	**466**
9	Piz Vial	3168 m	**465**
128	Pelvoux	3946 m	**465**
45	Le Pleureur	3704 m	**461**
117	Mont Chaberton	3130 m	**459**
145	Brec de Chambeyron	3389 m	**459**
129	Le Râteau	3809 m	**457**
21	Stellihorn	3436 m	**452**
46	La Singla	3714 m	**452**
86	Tsanteleina	3605 m	**447**
87	Pointe d'Archeboc	3278 m	**442**
130	Grande Ruine	3765 m	**442**
32	Corno Bianco	3320 m	**439**
106	Pointe de Ronce	3611 m	**438**
18	Bortelhorn	3195 m	**431**
153	Monte Albergian	3043 m	**430**
10	Pizzo Centrale	2999 m	**425**
11	Alperschällihorn	3039 m	**424**
131	Aiguille du Plat de la Selle	3596 m	**423**
33	Grand Cornier	3961 m	**422**
79	Punta Bianca di Bioula	3427 m	**420**
132	Pic de Souffles	3098 m	**419**
80	Aouillie	3440 m	**417**
88	Grande Rousse	3607 m	**416**
47	Mont Fort	3328 m	**407**

		Höhe	Prominenz	
133	Les Rouies	3589 m	**405**	
12	Güferhorn	3383 m	**404**	
107	Bessanese	3604 m	**404**	
97	Grande Motte	3653 m	**401**	
48	Dent de Perroc	3676 m	**397**	S
134	Montagne des Agneaux	3664 m	**397**	P
135	Les Bans	3670 m	**392**	S
57	Mont Dolent	3823 m	**390**	H
22	Portjengrat	3654 m	**386**	S
23	Egginer	3367 m	**378**	S
49	Mont Brulé	3585 m	**372**	P
19	Pizzo Gallina	3061 m	**368**	P
108	Rocciamelone	3538 m	**364**	P
136	Roche Faurio	3730 m	**363**	P
81	Torre del Gran San Pietro	3692 m	**349**	S
82	Ciarforon	3642 m	**348**	S
62	Aiguille Noire de Peuterey	3772 m	**343**	S
137	Pic Sans Nom	3914 m	**335**	H
20	Hübschhorn	3192 m	**325**	P
69	Dômes de Miage	3673 m	**324**	H
63	Aiguille du Midi	3842 m	**320**	P
24	Spechhorn	3189 m	**315**	S
109	Albaron de Savoia	3627 m	**310**	P
70	Aiguille des Glaciers	3816 m	**301**	H
25	Fletschhorn	3996 m	**299**	H
34	Pointe de Zinal	3789 m	**299**	P
138	Pic Coolidge	3774 m	**295**	P
35	Cima di Jazzi	3803 m	**270**	H
58	Aiguille du Tour	3544 m	**261**	S
36	Oberrothorn	3415 m	**260**	P
89	Pointe du Montet	3428 m	**258**	P
50	Aiguille de la Tsa	3668 m	**251**	S
51	Pigne d'Arolla	3796 m	**249**	P
37	Mettelhorn	3406 m	**240**	P
38	Tête de Valpelline	3802 m	**237**	H
160	Mont Clapier	3045 m	**226**	P
59	Aiguille du Moine	3412 m	**214**	S
60	Aiguille du Dru	3754 m	**198**	S
64	Aiguille du Plan	3673 m	**198**	S
26	Joderhorn	3036 m	**190**	P
65	Aiguille du Grépon	3482 m	**172**	S
66	Aig. du Blaitière	3522 m	**170**	S
67	Tour Ronde	3792 m	**165**	P
139	Pic Gaspard	3883 m	**155**	H
140	Pic de la Grave	3669 m	**155**	P
161	Corno Stella	3050 m	**125**	S
61	Mont Mallet	3989 m	**80**	H
141	Aiguille Dibona	3130 m	**51**	S

Die markanten 3000er der nördlichen Alpen nach ihrer Höhe

Rechts wird die Prominenz angegeben.

		Höhe	Prominenz
25	Fletschhorn	**3996 m**	299
61	Mont Mallet	**3989 m**	80
118	Meije	**3983 m**	824
76	Grivola	**3969 m**	714
33	Grand Cornier	**3961 m**	422
120	Ailefroide	**3953 m**	758
128	Pelvoux	**3946 m**	465
68	Aiguille de la Trélatête	**3930 m**	588
137	Pic Sans Nom	**3914 m**	335
56	Aiguille d'Argentière	**3901 m**	468
139	Pic Gaspard	**3883 m**	155
39	La Ruinette	**3875 m**	822
92	Grande Casse	**3852 m**	1082
63	Aiguille du Midi	**3842 m**	320
142	Monviso	**3841 m**	2075
41	Les Bouquetins	**3838 m**	626
55	Aiguille du Chardonnet	**3824 m**	492
57	Mont Dolent	**3823 m**	390
70	Aiguille des Glaciers	**3816 m**	301
129	Le Râteau	**3809 m**	457
35	Cima di Jazzi	**3803 m**	270
38	Tête de Valpelline	**3802 m**	237
51	Pigne d'Arolla	**3796 m**	249
67	Tour Ronde	**3792 m**	165
34	Pointe de Zinal	**3789 m**	299
91	Mont Pourri	**3779 m**	1127
138	Pic Coolidge	**3774 m**	295
62	Aiguille Noire de Peuterey	**3772 m**	343
130	Grande Ruine	**3765 m**	442
60	Aiguille du Dru	**3754 m**	198
98	Pointe du Charbonnel	**3751 m**	1139
83	Aig. de la Grande Sassière	**3747 m**	1139
42	Mont Velan	**3731 m**	625
136	Roche Faurio	**3730 m**	363
44	L'Evêque	**3716 m**	503
46	La Singla	**3714 m**	452
45	Le Pleureur	**3704 m**	461
90	La Dent Parrachée	**3697 m**	1180
81	Torre del Gran San Pietro	**3692 m**	349
48	Dent de Perroc	**3678 m**	399
102	Uia de Ciamarella	**3676 m**	689
64	Aiguille du Plan	**3673 m**	198
69	Dômes de Miage	**3673 m**	324
135	Les Bans	**3670 m**	392

		Höhe	Prominenz
140	Pic de la Grave	**3669 m**	155
50	Aiguille de la Tsa	**3668 m**	251
134	Montagne des Agneaux	**3664 m**	397
22	Portjengrat	**3654 m**	386
97	Grande Motte	**3653 m**	401
40	Aiguilles Rouges d'Arolla	**3644 m**	789
82	Ciarforon	**3642 m**	348
109	Albaron de Savoia	**3627 m**	310
85	Levanna Centrale	**3619 m**	469
106	Pointe de Ronce	**3611 m**	438
88	Grande Rousse	**3607 m**	416
86	Tsanteleina	**3605 m**	447
107	Bessanese	**3604 m**	404
131	Aiguille du Plat de la Selle	**3596 m**	423
133	Les Rouies	**3589 m**	405
49	Mont Brulé	**3585 m**	372
93	Grand Roc Noir	**3583 m**	819
105	Croix Rousse	**3566 m**	484
124	Olan	**3564 m**	554
95	Aiguille de Péclet	**3561 m**	765
75	Monte Emilius	**3559 m**	733
13	Monte Leone	**3553 m**	1180
58	Aiguille du Tour	**3544 m**	261
108	Rocciamelone	**3538 m**	364
66	Aig. du Blaitière	**3522 m**	170
43	Mont Gelé	**3518 m**	619
77	Punta Tersiva	**3512 m**	596
110	Aig. Méridional d'Arves	**3510 m**	1454
99	Pierre Menu – Aig.Scolette	**3508 m**	1074
28	Becca de Luceney	**3504 m**	646
84	Testa del Rutor	**3486 m**	849
65	Aiguille du Grépon	**3482 m**	172
111	Pic Bayle	**3465 m**	1177
126	Roche de la Muzelle	**3465 m**	525
80	Aouillie	**3440 m**	417
21	Stellihorn	**3436 m**	452
89	Pointe du Montet	**3428 m**	258
79	Punta Bianca di Bioula	**3427 m**	420
96	Pointe de l'Echelle	**3422 m**	506
94	Sommet de Bellecôte	**3417 m**	812
36	Oberrothorn	**3415 m**	260
59	Aiguille de Moine	**3412 m**	214
144	Aiguille de Chambeyron	**3411 m**	774
37	Mettelhorn	**3406 m**	240

		Höhe	Prominenz
1	Rheinwaldhorn	**3402 m**	1597
145	Brec de Chambeyron	**3389 m**	459
146	Pic de la Fonte Sancte	**3387 m**	681
12	Güferhorn	**3383 m**	404
104	Rocca d'Ambin	**3382 m**	506
14	Blinnenhorn	**3379 m**	965
30	Grand Tournalin	**3379 m**	533
23	Egginer	**3367 m**	378
152	Bric de Rubren – Mongióia	**3340 m**	466
47	Mont Fort	**3328 m**	407
72	Grande Rochère	**3326 m**	701
143	Pic de Rochebrune	**3325 m**	817
32	Corno Bianco	**3320 m**	439
29	Testa Grigia	**3315 m**	643
101	Mont Ciusalet	**3312 m**	835
125	Pointe de l'Aiglière	**3308 m**	547
78	Torre di Lavina	**3308 m**	475
147	Bric Froid – Pta. Ramière	**3302 m**	673
154	Cima Argentera Sud	**3297 m**	1306
150	P. Merciantaira – Gr. Gaiza	**3293 m**	495
103	Rognosa d'Étache	**3286 m**	601
151	Mont Aiguillette – Asti	**3284 m**	472
149	Rognosa di Sestrière	**3280 m**	519
87	Pointe d'Archeboc	**3278 m**	442
2	Basodino	**3274 m**	961
16	Helsenhorn	**3272 m**	508
52	Haute Cime – Dents du Midi	**3257 m**	1796
71	Mont Bério Blanc	**3252 m**	736
17	Wasenhorn	**3245 m**	475
127	Tête de Soulaure	**3242 m**	507
113	Grand Galibier	**3229 m**	584
112	Rocca Bernauda	**3228 m**	687
54	Tour Sallière	**3219 m**	525
4	Piz Medel	**3211 m**	854
15	Scherbadung	**3211 m**	702
114	Pic du Thabor	**3204 m**	562
18	Bortelhorn	**3195 m**	431
20	Hübschhorn	**3192 m**	325
7	Pizzo Rotondo	**3192 m**	714
5	Scopi	**3190 m**	792
24	Spechhorn	**3189 m**	315
9	Piz Vial	**3168 m**	465
100	Pointe Clairy	**3163 m**	979
121	Vieux Chaillol	**3163 m**	580
119	Pic Ouest de Combeynot	**3155 m**	815
157	Cima dei Gelas	**3143 m**	672
141	Aiguille Dibona	**3130 m**	51
117	Mont Chaberton	**3130 m**	459
74	Pointe Lechaud	**3128 m**	525
148	Pic Oronaye – Tête Moisie	**3100 m**	569
53	Le Buet	**3099 m**	615
132	Pic de Souffles	**3098 m**	419
158	Monte Matto Centrale	**3097 m**	554
27	Mont Nery	**3076 m**	906
123	Pic de Parières	**3076 m**	557
6	Piz Campo Tencia	**3072 m**	754
116	Rochers Charnier	**3067 m**	468
73	Monte Fallère	**3061 m**	577
19	Pizzo Gallina	**3061 m**	368
8	Bruschghorn	**3056 m**	570
155	Mont Pelat	**3051 m**	724
161	Corno Stella	**3050 m**	125
122	Pointe de Malhaubert	**3049 m**	558
115	L'Argentier – Punta Nera	**3046 m**	505
160	Mont Clapier	**3045 m**	226
153	Monte Albergian	**3043 m**	430
3	Gannaretsch	**3040 m**	931
11	Alperschällihorn	**3039 m**	424
26	Joderhorn	**3036 m**	190
31	Becca di Viou	**3032 m**	483
156	Tête de Siguret	**3032 m**	682
159	Mont Ténibre	**3031 m**	525
10	Pizzo Centrale	**2999 m**	425

Die wesentlichen 3000er der nördlichen Alpen nach Schweiß

Angegeben ist der Mindestanstieg vom höchsten anfahrbaren Punkt in mH.

		Höhe	Prominenz	Aufstieg Hm
69	Dômes de Miage	3673 m	324	**2650**
1	Rheinwaldhorn	3402 m	1597	**2550**
126	Roche de la Muzelle	3465 m	525	**2540**
146	Pic de la Fonte Sancte	3387 m	681	**2500**
124	Olan	3564 m	554	**2470**
76	Grivola	3969 m	714	**2450**
120	Ailefroide	3953 m	758	**2450**
128	Pelvoux	3946 m	465	**2450**
141	Aiguille Dibona	3130 m	51	**2350**
56	Aiguille d'Argentière	3901 m	468	**2340**
129	Le Râteau	3809 m	457	**2340**
137	Pic Sans Nom	3914 m	335	**2340**
32	Corno Bianco	3320 m	439	**2300**
118	Meije	3983 m	824	**2300**
139	Pic Gaspard	3883 m	155	**2250**
22	Portjengrat	3654 m	386	**2160**
34	Pointe de Zinal	3789 m	299	**2150**
27	Mont Nery	3076 m	906	**2130**
41	Les Bouquetins	3838 m	626	**2100**
55	Aiguille du Chardonnet	3824 m	492	**2100**
57	Mont Dolent	3823 m	390	**2100**
59	Aiguille du Moine	3412 m	214	**2100**
81	Torre del Gran San Pietro	3692 m	349	**2100**
130	Grande Ruine	3765 m	442	**2100**
132	Pic de sSouffles	3098 m	419	**2100**
158	Monte Matto Centrale	3097 m	554	**2080**
135	Les Bans	3670 m	392	**2060**
66	Aig. du Blaitière	3522 m	170	**2050**
91	Mont Pourri	3779 m	1127	**2050**
48	Dent de Perroc	3678 m	399	**2000**
98	Pointe du Charbonnel	3751 m	1139	**2000**
39	La Ruinette	3875 m	822	**1980**
64	Aiguille du Plan	3673 m	198	**1950**
93	Grand Roc Noir	3583 m	819	**1950**
122	Pointe de Malhaubert	3049 m	558	**1950**
131	Aiguille du Plat de la Selle	3596 m	423	**1950**
142	Monviso	3841 m	2075	**1920**
136	Roche Faurio	3730 m	363	**1910**
4	Piz Medel	3211 m	854	**1900**
9	Piz Vial	3168 m	465	**1900**
79	Punta Bianca di Bioula	3427 m	420	**1900**
133	Les Rouies	3589 m	405	**1900**
159	Mont Ténibre	3031 m	525	**1900**
29	Testa Grigia	3315 m	643	**1870**

		Höhe	Prominenz	Aufstieg Hm
28	Becca de Luceney	3504 m	646	**1850**
40	Aiguilles Rouges d'Arolla	3644 m	789	**1850**
58	Aiguille du Tour	3544 m	261	**1850**
62	Aiguille Noire de Peuterey	3772 m	343	**1850**
138	Pic Coolidge	3774 m	295	**1850**
38	Tête de Valpelline	3802 m	237	**1830**
43	Mont Gelé	3518 m	619	**1820**
52	Haute Cime – Dents du Midi	3257 m	1796	**1820**
127	Tête de Soulaure	3242 m	507	**1820**
15	Scherbadung	3211 m	702	**1800**
16	Helsenhorn	3272 m	508	**1800**
37	Mettelhorn	3406 m	240	**1800**
42	Mont Velan	3731 m	625	**1800**
84	Testa del Rutor	3486 m	849	**1800**
88	Grande Rousse	3607 m	416	**1800**
101	Mont Ciusalet	3312 m	835	**1800**
102	Uia de Ciamarella	3676 m	689	**1800**
134	Montagne des Agneaux	3664 m	397	**1780**
46	La Singla	3714 m	452	**1750**
49	Mont Brulé	3585 m	372	**1750**
53	Le Buet	3099 m	615	**1750**
77	Punta Tersiva	3512 m	596	**1750**
123	Pic de Parières	3076 m	557	**1740**
109	Albaron de Savoia	3627 m	310	**1730**
7	Pizzo Rotondo	3192 m	714	**1700**
31	Becca di Viou	3032 m	483	**1700**
78	Torre di Lavina	3308 m	475	**1700**
86	Tsanteleina	3605 m	447	**1700**
92	Grande Casse	3852 m	1082	**1700**
106	Pointe de Ronce	3611 m	438	**1700**
107	Bessanese	3604 m	404	**1700**
144	Aiguille de Chambeyron	3411 m	774	**1700**
6	Piz Campo Tencia	3072 m	754	**1670**
45	Le Pleureur	3704 m	461	**1650**
105	Croix Rousse	3566 m	484	**1650**
90	La Dent Parrachée	3697 m	1180	**1640**
3	Gannaretsch	3040 m	931	**1600**
11	Alperschällihorn	3039 m	424	**1600**
18	Bortelhorn	3195 m	431	**1600**
33	Grand Cornier	3961 m	422	**1600**
44	L'Evêque	3716 m	503	**1600**
51	Pigne d'Arolla	3796 m	249	**1600**
71	Mont Bério Blanc	3252 m	736	**1600**

		Höhe	Prominenz	Aufstieg Hm
85	Levanna Centrale	3619 m	469	**1600**
119	Pic Ouest de Combeynot	3155 m	815	**1600**
72	Grande Rochère	3326 m	701	**1550**
82	Ciarforon	3642 m	348	**1550**
121	Vieux Chaillol	3163 m	580	**1550**
13	Monte Leone	3553 m	1180	**1530**
125	Pointe de l'Aiglière	3308 m	547	**1530**
99	Pierre Menu – Aig.Scolette	3508 m	1074	**1510**
8	Bruschghorn	3056 m	570	**1500**
83	Aig. de la Grande Sassière	3747 m	1139	**1500**
147	Bric Froid – Pta. Ramière	3302 m	673	**1500**
110	Aig. Méridional d'Arves	3510 m	1454	**1480**
112	Rocca Bernauda	3228 m	687	**1460**
145	Brec de Chambeyron	3389 m	459	**1450**
2	Basodino	3274 m	961	**1420**
68	Aiguille de la Trélatête	3930 m	588	**1420**
73	Monte Fallère	3061 m	577	**1400**
87	Pointe d'Archeboc	3278 m	442	**1400**
96	Pointe de l'Echelle	3422 m	506	**1400**
116	Rochers Charnier	3067 m	468	**1400**
152	Bric de Rubren – Mongióia	3340 m	466	**1400**
154	Cima Argentera Sud	3297 m	1306	**1400**
160	Mont Clapier	3045 m	226	**1360**
104	Rocca d'Ambin	3382 m	506	**1350**
108	Rocciamelone	3538 m	364	**1330**
12	Güferhorn	3383 m	404	**1300**
25	Fletschhorn	3996 m	299	**1300**
30	Grand Tournalin	3379 m	533	**1300**
54	Tour Sallière	3219 m	525	**1300**
60	Aiguille du Dru	3754 m	198	**1300**
70	Aiguille des Glaciers	3816 m	301	**1300**
114	Pic du Thabor	3204 m	562	**1280**
117	Mont Chaberton	3130 m	459	**1280**
95	Aiguille de Péclet	3561 m	765	**1275**
150	P. Merciantaira – Gr. Gaiza	3293 m	495	**1270**
21	Stellihorn	3436 m	452	**1260**
17	Wasenhorn	3245 m	475	**1250**
74	Pointe Lechaud	3128 m	525	**1250**
75	Monte Emilius	3559 m	733	**1250**
157	Cima dei Gelas	3143 m	672	**1250**
103	Rognosa d'Étache	3286 m	601	**1240**
156	Tête de Siguret	3032 m	682	**1230**
5	Scopi	3190 m	792	**1200**
20	Hübschhorn	3192 m	325	**1200**
151	Mont Aiguillette – Asti	3284 m	472	**1200**
161	Corno Stella	3050 m	125	**1200**
148	Pic Oronaye – Tête Moisie	3100 m	569	**1150**

		Höhe	Prominenz	Aufstieg Hm
113	Grand Galibier	3229 m	584	**1100**
143	Pic de Rochebrune	3325 m	817	**1100**
24	Spechhorn	3189 m	315	**1020**
14	Blinnenhorn	3379 m	965	**1000**
80	Aouillie	3440 m	417	**1000**
100	Pointe Clairy	3163 m	979	**1000**
155	Mont Pelat	3051 m	724	**940**
10	Pizzo Centrale	2999 m	425	**900**
61	Mont Mallet	3989 m	80	**800**
115	L'Argentier – Punta Nera	3046 m	505	**700**
149	Rognosa di Sestrière	3280 m	519	**700**
19	Pizzo Gallina	3061 m	368	**620**
63	Aiguille du Midi	3842 m	320	**600**
67	Tour Ronde	3792 m	165	**600**
153	Monte Albergian	3043 m	430	**600**
23	Egginer	3367 m	378	**550**
35	Cima di Jazzi	3803 m	270	**550**
50	Aiguille de la Tsa	3668 m	251	**500**
140	Pic de la Grave	3669 m	155	**480**
94	Sommet de Bellecôte	3417 m	812	**400**
36	Oberrothorn	3415 m	260	**315**
111	Pic Bayle	3465 m	1177	**260**
97	Grande Motte	3653 m	401	**200**
26	Joderhorn	3036 m	190	**150**
89	Pointe du Montet	3428 m	258	**100**
65	Aiguille du Midi	3482 m	172	**30**
47	Mont Fort	3328 m	407	**22**

Die wesentlichen 3000er der nördlichen Alpen nach ihrer Gesamt-Schwierigkeit

		Höhe	Schwierigkeit
Sehr schwierige Anstiege			
60	Aiguille du Dru	3754 m	D-
65	Aiguille du Grépon	3482 m	D
55	Aiguille du Chardonnet	3824 m	D
161	Corno Stella	3050 m	D
Ziemlich schwierige Anstiege			
40	Aiguilles Rouges d'Arolla	3644 m	AD+
48	Dent de Perroc	3678 m	AD+
110	Aig. Méridional d'Arves	3510 m	AD+
118	Meije	3983 m	AD+
22	Portjengrat	3654 m	AD
33	Grand Cornier	3961 m	AD
61	Mont Mallet	3989 m	AD
70	Aiguille des Glaciers	3816 m	AD
124	Olan	3564 m	AD
141	Aiguille Dibona	3130 m	AD
46	La Singla	3714 m	AD-
144	Aiguille de Chambeyron	3411 m	AD-
Mäßig schwierige Anstiege			
59	Aiguille du Moine	3412 m	PD+
62	Aiguille Noire de Peuterey	3772 m	PD+
66	Aig. du Blaitière	3522 m	PD+
68	Aiguille de la Trélatête	3930 m	PD+
76	Grivola	3969 m	PD+
88	Grande Rousse	3607 m	PD+
91	Mont Pourri	3779 m	PD+
126	Roche de la Muzelle	3465 m	PD+
142	Monviso	3841 m	PD+
148	Pic Oronaye – Tête Moisie	3100 m	PD+
158	Monte Matto Centrale	3097 m	PD+
71	Mont Bério Blanc	3252 m	PD?
123	Pic de Parières	3076 m	PD?
127	Tête de Saulaure	3242 m	PD?
11	Alperschällihorn	3039 m	PD
12	Güferhorn	3383 m	PD
19	Pizzo Gallina	3061 m	PD
23	Egginer	3367 m	PD

		Höhe	Schwierigkeit
25	Fletschhorn	3996 m	PD
27	Mont Nery	3076 m	PD
28	Becca de Luceney	3504 m	PD
30	Grand Tournalin	3379 m	PD
31	Becca di Viou	3032 m	PD
32	Corno Bianco	3320 m	PD
34	Pointe de Zinal	3789 m	PD
39	La Ruinette	3875 m	PD
41	Les Bouquetins	3838 m	PD
45	Le Pleureur	3704 m	PD
49	Mont Brulé	3585 m	PD
56	Aiguille d'Argentière	3901 m	PD
57	Mont Dolent	3823 m	PD
64	Aiguille du Plan	3673 m	PD
67	Tour Ronde	3792 m	PD
79	Punta Bianca di Bioula	3427 m	PD
81	Torre del Gran San Pietro	3692 m	PD
82	Ciarforon	3642 m	PD
85	Levanna Centrale	3619 m	PD
86	Tsanteleina	3605 m	PD
90	La Dent Parrachée	3697 m	PD
92	Grande Casse	3852 m	PD
95	Aiguille de Péclet	3561 m	PD
98	Pointe du Charbonnel	3751 m	PD
102	Uia de Ciamarella	3676 m	PD
107	Bessanese	3604 m	PD
120	Ailefroide	3953 m	PD
125	Pointe de l'Aiglière	3308 m	PD
128	Pelvoux	3946 m	PD
131	Aiguille du Plat de la Selle	3596 m	PD
132	Pic des Souffles	3098 m	PD
135	Les Bans	3670 m	PD
137	Pic Sans Nom	3914 m	PD
139	Pic Gaspard	3883 m	PD
140	Pic de la Grave	3669 m	PD
145	Brec de Chambeyron	3389 m	PD
157	Cima dei Gelas	3143 m	PD
7	Pizzo Rotondo	3192 m	PD-
83	Aig. de la Grande Sassière	3747 m	PD-
99	Pierre Menu – Aig.Scolette	3508 m	PD-
109	Albaron de Savoia	3627 m	PD-
146	Pic de la Fonte Sancte	3387 m	PD-
154	Cima Argentera Sud	3297 m	PD-

		Höhe	Schwierigkeit
Wenig schwierige Anstiege			
6	Piz Campo Tencia	3072 m	F+
13	Monte Leone	3553 m	F+
15	Scherbadung	3211 m	F+
16	Helsenhorn	3272 m	F+
42	Mont Velan	3731 m	F+
43	Mont Gelé	3518 m	F+
44	L'Evêque	3716 m	F+
54	Tour Sallière	3219 m	F+
77	Punta Tersiva	3512 m	F+
78	Torre di Lavina	3308 m	F+
87	Pointe d'Archeboc	3278 m	F+
93	Grand Roc Noir	3583 m	F+
94	Sommet de Bellecôte	3417 m	F+
100	Pointe Clairy	3163 m	F+
103	Rognosa d'Etache	3286 m	F+
112	Rocca Bernauda	3228 m	F+
113	Grand Galibier	3229 m	F+
129	Le Râteau	3809 m	F+
133	Les Rouies	3589 m	F+
143	Pic de Rochebrune	3325 m	F+
1	Rheinwaldhorn	3402 m	F
2	Basodino	3274 m	F
3	Gannaretsch	3040 m	F
4	Piz Medel	3211 m	F
8	Bruschghorn	3056 m	F
9	Piz Vial	3168 m	F
10	Pizzo Centrale	2999 m	F
14	Blinnenhorn	3379 m	F
17	Wasenhorn	3245 m	F
18	Bortelhorn	3195 m	F
20	Hübschhorn	3192 m	F
21	Stellihorn	3436 m	F
24	Spechhorn	3189 m	F
26	Joderhorn	3036 m	F
29	Testa Grigia	3315 m	F
35	Cima di Jazzi	3803 m	F
37	Mettelhorn	3406 m	F
38	Tête de Valpelline	3802 m	F
50	Aiguille de la Tsa	3668 m	F
51	Pigne d'Arolla	3796 m	F
52	Haute Cime – Dents du Midi	3257 m	F
53	Le Buet	3099 m	F
58	Aiguille du Tour	3544 m	F
69	Dômes de Miage	3673 m	F

		Höhe	Schwierigkeit
72	Grande Rochère	3326 m	F
73	Monte Fallère	3061 m	F
74	Pointe Lechaud	3128 m	F
75	Monte Emilius	3559 m	F
80	Aouillie	3440 m	F
84	Testa del Rutor	3486 m	F
89	Pointe du Montet	3428 m	F
96	Pointe de l'Echelle	3422 m	F
97	Grande Motte	3653 m	F
101	Mont Ciusalet	3312 m	F
104	Rocca d'Ambin	3382 m	F
105	Croix Rousse	3566 m	F
106	Pointe de Ronce	3611 m	F
111	Pic Bayle	3465 m	F
114	Pic du Thabor	3204 m	F
115	L'Argentier – Punta Nera	3046 m	F
116	Rochers Charnier	3067 m	F
119	Pic Ouest de Combeynot	3155 m	F
121	Vieux Chaillol	3163 m	F
122	Pointe de Malhaubert	3049 m	F
130	Grande Ruine	3765 m	F
134	Montagne des Agneaux	3664 m	F
136	Roche Faurio	3730 m	F
138	Pic Coolidge	3774 m	F
147	Bric Froid – Pta. Ramière	3302 m	F
149	Rognosa di Sestrière	3280 m	F
150	P. Merciantaira – Gr. Gaiza	3293 m	F
151	Mont Aiguillette – Asti	3284 m	F
152	Bric de Rubren – Mongióia	3340 m	F
153	Monte Albergian	3043 m	F
156	Tête de Siguret	3032 m	F
159	Mont Ténibre	3031 m	F
5	Scopi	3190 m	F-
36	Oberrothorn	3415 m	F-
108	Rocciamelone	3538 m	F-
117	Mont Chaberton	3130 m	F-
155	Mont Pelat	3051 m	F-
160	Mont Clapier	3045 m	F-
Gebrechlichengerecht eingerichtet:			
47	Mont Fort	3328 m	0
63	Aiguille du Midi	3842 m	0 (III)

Richard Goedeke, geb. 1939, Dr. phil. (Geografie, Englisch, Pädagogik) ist seit Jahrzehnten als Allround-Bergsteiger unterwegs, mit Vorliebe für steilen Fels und große, ursprüngliche Berge - und der Freude, darüber zu schreiben (u.a. AV-Kletterführer Dolomiten, 4000er - Die Normalwege).

Ein kostenloses Gesamtverzeichnis erhalten Sie beim
Bruckmann Verlag
D-81664 München

www.bruckmann.de
www.bergsteiger.de

Lektorat: Solveig Michelsen, München
Layout: BUCHFLINK Rüdiger Wagner, Nördlingen
Repro: Scanner Service S.r.l.
Kartografie: Christian Rolle, Umweltkartografie und Geoinformationstechnik, Holzkirchen. Die Topos stammen vom Autor Richard Goedeke.
Herstellung: Thomas Fischer

Der Führer wurde von Autor und Verlag mit großem Bemühen um zuverlässige Information erstellt. Da er jedoch von Menschen gemacht wurde und sich Hochgebirge obendrein verändern kann, sind Fehler und Unstimmigkeiten nicht auszuschließen. Eine Garantie für die Richtigkeit aller Angaben kann daher nicht gegeben werden. Eine Haftung für etwaige Unfälle oder Schäden wird aus keinem Rechtsgrunde übernommen. Für Hinweise und Anregungen sind wir jederzeit dankbar. Bitte richten Sie diese an:
Bruckmann Verlag
Lektorat
Innsbrucker Ring 15
D-81673 München
E-Mail: lektorat@bruckmann.de

Bildnachweis: Alle Abbildungen stammen vom Autor mit folgender Ausnahme: Jürgen Koziol S. 175, 177, 183
Titelbild: Meije von La Grave
Umschlagrückseite: Mont Mallet von Süden, vorne die Aig. de Rochefort
S. 1: Grande Casse von der Grande Motte; S. 2: Piz Campo Tencia von Osten; S. 3: Aiguille de la Tsa von Westen; S. 4: Tiefblick aus der Südwestflanke der Petit Dru; S. 5: An der Brèche de la Meije bei der Überschreitung; S. 6: Bric de Rubren (links) vom Maljasset

Die Deutsche Bibliothek – CIP-Einheitsaufnahme
Ein Titeldatensatz für diese Publikation ist bei der Deutschen Bibliothek erhältlich.

Printed in Italy by Printer Trento S.r.l.
ISBN 3-7654-4149-X